브라질 기업
조직관리론

이 도서는 2017학년도 한국외국어대학교 HUFS특성화 사업의 일환으로 출판된 도서입니다.

브라질 기업 조직관리론

이성준

HU:iNE

서문

특정 지역 전문가가 되기 위해서는 그 지역 또는 국가의 언어와 역사는 물론, 추가로 자신만의 전문 분야를 학습할 필요가 있습니다. 라틴아메리카 지역의 경우 지금까지 주로 대학 내 관련 학과 및 연구소 등을 중심으로 정치, 사회, 문화, 종교 등 다양한 분야의 연구 결과물이 총서 형태로 꾸준히 발표된 바 있습니다. 하지만 비즈니스 분야의 경우 다른 분야보다 상대적으로 연구 진척이 매우 느렸던 것이 사실입니다. 감히 짐작하건대, 이는 경영학이 하나의 전문 분야로서 지역학의 범위에서 다소 벗어난다는 일반적인 인식에 기인하는 것으로 보입니다. 하지만 기업체에서 발생하는 지역전문가 수요의 규모가 상당하다는 점을 고려하면 동시에 이는 다소 의아한 현상이기도 합니다. 특히, 브라질에 진출한 모든 외국계 기업은 의무적으로 현지인을 일정 비율 이상 채용해야 하며, 따라서 진출 이후 조직운영 과정에서 기업 성과에 직접적인 영향을 미칠 수 있는 다양한 한국-브라질 간 문화적 갈등이 충분히 예상 가능한 만큼 브라질 현지 사정에 특화된 조직관리 서적의 출판은 특히 실무적 관점에서 충분한 의의가 있을 것입니다.

기본적으로 본 서적은 브라질학과에 개설된 '브라질기업 조직행동과 인사관리' 과목의 교재로 사용될 것을 염두에 두고 작성되었습니다만, 위에서 언급한 바와 같이 브라질 내 한국기업 자회사에서 조직을 관리하는 모든 한국인 관리자에게도 도움이 될 수 있도록 집필되었습니다. 한국의 입장에서 지구 정 반대편에 위치한 브라질은 그 거리만큼이나 모든 것이 한국인의 관점에서 생소하게 느껴질 수 있으며, 이는 때로는 특히 조직 운영 과정에서 서로 간의 이해 부족에 따른 갈등으로 이어질 수 있습니다. 아무쪼록 본 서적이 브라질 현지에서 조직을 관리하는 많은 한국인 관리자에게 유용하게 쓰이기를 바랍니다.

2018. 4. 10.
이성준

브라질
기업
조직관리론

목차

1부
브라질 비즈니스 환경

01
브라질의 비즈니스 환경과 한국 기업의 브라질 진출 현황

학습내용:

- 한국과 브라질 간 경제 관계 현황을 파악한다.
- PEST 분석 틀이 무엇인지 숙지한다.
- 브라질 일반 비즈니스 환경을 PEST 분석 틀을 사용해 분석한다.

1.1. 한국 대 브라질 간 교역 현황

브라질은 오랫동안 '기회의 땅'으로 여겨져 왔다. 인구 규모(2017년 기준 약 2억 1천만 명, 세계 5위), 경제 규모(2017년 명목 GDP 기준 약 2조 1천억 달러, 세계 8위) 그리고 국토 면적(약 8백만km2, 세계 5위), 풍부한 천연자원 등을 고려하면 이러한 기회의 땅이라는 수식어는 브라질에 있어서 결코 과장된 표현이 아닐 것이다. 하지만 서로 지구 반대편에 위치한 물리적 거리만큼 한국 기업의 관점에서 브라질 시장은 지금까지 선불리 다가가기 힘든 시장으로 느껴진 것도 또한 분명한 사실이다.

실제로, 한국의 관점에서 브라질은 2011년 10위 무역국으로 잠시 올라선 때를 제외하고 전반적으로 15~25위권 수준을 맴돌고 있는 형편이다(수출 기준). 반면, 브라질의 관점에서 한국은 중국, 미국 등에 이어 5위 수입 대상국의 지위를 누리고 있다(2015년 기준). <표 1>에서 확인할 수 있는 바와 같이 한국의 대 브라질 수출 및 수입 규모는 2000년대 중반부터 빠른 속도로 증가, 2011년 정

<표 1> 한국의 대브라질 수출 및 수입 추이(1999~2016)

	1999	2000	2001	2002	2003	2004	2005	2006	2007
수출액	1,209	1,724	1,611	1,247	1,137	1,785	2,411	3,063	3,487
수입액	910	935	1,126	1,248	1,619	2,195	2,501	2,707	2,794
	2008	2009	2010	2011	2012	2013	2014	2015	2016
수출액	5,926	5,311	7,753	11,821	10,286	9,688	8,922	5,495	4,457
수입액	4,380	3,744	4,712	6,343	6,085	5,573	4,907	4,059	3,445

(출처: 한국무역협회, SITC에 의한 무역)

<표 2> 한국의 대브라질 해외직접투자 추이

연도	'07	'08	'09	'10	'11	'12	'13	'14	'15	'16
신고건수	19	19	17	45	82	71	50	42	71	56
신규법인수	8	6	5	15	13	8	12	5	5	3
신고금액	155	37	7	506	680	663	404	352	370	444
송금횟수	25	23	30	63	114	97	64	50	69	67
투자금액	144	13	7	134	919	639	464	352	307	439

(출처: 한국수출입은행 해외투자통계, 단위: 백만불)

점을 찍은 이후, 브라질 경제 상황의 악화와 더불어 다시금 약 10년 전 수준으로 줄어들었다(참고: 2017년 9월 기준, 수출의 경우 전년 대비 약 26% 증가). 대브라질 해외직접투자 추이도 이와 전반적으로 비슷한 양상을 보인다(표 2). 2003년부터 2010년 초반까지 대브라질 수출이 호조를 보인 가장 큰 원인 가운데 하나는 BRICS(Brazil, Russia, India, China, and South Africa) 지역의 높은 경제 성장과 더불어 한국 기업의 브라질 진출이 활발해지면서 현지 생산에 필요한 중간재 수출이 특히 전기·전자제품을 중심으로 큰 폭으로 증가했기 때문이다.

이처럼 무궁무진한 잠재력이 있지만 다른 시장보다 상대적으로 '까다로운' 편이라는 브라질 시장에 대한 일반적인 인식은 비단 한국 기업만이 가지고 있는 인식은 아닌 것으로 보인다. 실제로, KPMG, BCG, McKinsey & Company 등 여러 다국적 컨설팅 기업 및 각국의 해외 진출 지원기관에서 발행된 브라질 시장 관련 보고서를 살펴보면 이와 비슷한 인식을 반복적으로 확인할 수 있다. 예를 들어, 노르웨이 비영리 해외시장조사 단체 IB(International Business)는 자신의 보고서 『International Business Brazil 2013 Report』에서 브라질 시장을 다음과 같이 평가하고 있다: "브라질 시장은 '초보자'를 위한 시장이 아니다(p. 89)."

이들 보고서를 살펴보면 브라질 시장에 대한 이러한 부정적인 인식은 대체로 다음과 같은 두 가지 점에 기인하는 것으로 보인다. 첫째로, 브라질 정부는 1990년대 수입대체 산업화정책을 포기하고 시장을 개방한 이후로 지금까지 외국인 직접투자 유치정책을 꾸준히 그리고 매우 적극적으로 펼치고 있으며, 이로 말미암아 이미 대다수 다국적기업이 브라질에 진출, 비즈니스를 운영하는 관계로 기업 간 경쟁이 매우 치열한 편이다. 둘째로, 악명높은 '브라질 코스트(Custo Brasil)'를 꼽을 수 있다. '브라질 코스트'란 지나친 관료주의, 부족한 인프라 등으로 말미암아 현지 비즈니스 운영 시 발생하는 여러 불필요한 - 동시에 예상치 못한 - 추가 비용을 통칭하는 용어이다. 물론, 이러한 추가 비용이 브라질만의 것이라고 할 수는 없겠으나, 브라질의 경우 그 정도가 특히 심하다는 점에 주목할 필요가 있을 것이다. 또한 '브라질 코스트'는 소위 '보이지 않는 무역장벽' 또는 '비관세 장벽' 등과 같이 자국에 진출한 다국적기업만이 제한적으로 경험하는 문제가 아

참고 1 **한국과 브라질 간 2016 경제교류 현황**

- ◆ 대브라질 주요 수출품목: 자동차 부품, 선박, 승용차, 평판 디스플레이, 반도체, 무선통신기기부품, 건설중장비 등 기술력을 요하는 제품
- ◆ 대브라질 주요 수입품목: 철광, 박류, 사료, 두류, 합금철, 천연섬유원료, 펄프, 가금육류, 동광, 강반제품 등 1차 산업군에 속하는 원자재
- ◆ 2016년 기준 1인 주재원 기업을 포함, 브라질에 주재하고 있는 한국 업체 수는 약 70개사 이상으로 추정
  - • 주로 제조업 분야에 집중되어 있으며 대기업이 먼저 진출한 후 다수의 협력업체가 따라가는 모습
  - • 특히, 현대자동차와 포스코건설을 중심으로 한국 기업 클러스터가 형성되어 있음
- ◆ 1980년 이후 '16년 3월까지 우리나라의 대브라질 투자 신고 건수는 877건, 투자 신고 금액은 80억 326만 달러이며 실제 투자 금액은 67억 1,595만 달러임
  - • 2005년부터 대브라질 투자가 활성화되기 시작, 2011년 정점을 찍은 후 브라질 경제위기와 더불어 점차 하락세
  - • 최근 브라질 기업의 해외시장 진출이 크게 증가하고 있지만 한국 투자 사례는 사실상 전무한 실정

(출처: 2017 브라질 진출전략, KOTRA 상파울루 무역관)

닌, 다국적기업과 자국 기업이 모두 같은 정도로 경험하는, 즉 브라질 사회에 만연한 대표적인 문제 가운데 하나라는 점도 분명 특기할 만한 사항이다. 물론, 이러한 '브라질 코스트'를 극복할 수 있는 노하우를 현지 경험을 통해 체득한 기업은 그렇지 못한 기업과 비교해 그만큼 높은 경쟁우위를 누릴 수 있을 것이다.

이러한 맥락에서 KOTRA의 『브라질 진출전략 2017』 보고서는 브라질 지역 SWOT 분석 결과를 <표 3>에서 나타난 바와 같이 정리하고 있다. 해당 분석 결과를 자세히 살펴보면 이미 위에서 언급한 바와 마찬가지로 브라질 시장의 강점 및 기회로는 전반적으로 브라질 경제의 잠재력과 브라질 정부의 외국인 직접투자 유치 정책이, 그리고 약점 및 위협으로는 각각 '브라질 코스트'와 브라질 정치 불안 및 각종 경제 관련 대외 악재 등을 꼽고 있는 것을 확인할 수 있다. 본 장에서는 이러한 브라질의 거시 비즈니스 환경을 PEST 분석 틀에 맞추어 보다 구체적으로 살펴봄으로써 브라질 비즈니스와 관련하여 기본적인 정보를 제공하고자 한다.

<표 3> 브라질 지역 SWOT 분석

<Strength>	<Opportunities>
• 2억 인구로 구성된 대규모 내수시장 • 남미에서 가장 발달된 제조업 기반 보유 • 풍부한 식량 및 각종 자원 보유 • 10개국과 접경, 중남미 진출 위한 교두보	• 테메르 정부의 친 시장 우선 정책 • 각종 인프라 투자 프로젝트 대거 발주 • 기간산업 민영화를 통해 외국 투자 유치 • 로컬 콘텐츠, 수입규제 완화 움직임
<Weakness>	**<Threats>**
• 통신 등 산업 인프라 전반적으로 취약 • 양질의 노동력, 전문 인력 부재 • 관료주의, 높은 세무, 노무 부담 • 열악한 교통, 물류 인프라로 운송비 증가	• Lava-Jato[1] 비리 수사 지속으로 정치 불안 • 미국 금리 인상 등으로 환율 불안 • 경기침체, 높은 인플레, 고용 불안 등으로 소비 위축 • 테테메르 정부 반대 등으로 정국 불안 지속
<시사점> '브라질 코스트' 등 철저한 시장 조사를 통해 사전에 위험 요인을 최대한 감소 브라질 관행을 잘 아는 현지기업과의 협력을 통해 시장진출 환율 변동에 대비, 관세감면 수혜국으로부터 부품 수입 추진(예. Mercosur, ALADI)	

(출처: 2017 브라질 진출전략, KOTRA 상파울루 무역관)

1) 2014년 3월 브라질 연방 검찰이 착수한 광범위한 정·재계 비리 수사를 지칭함. 수사 대상으로 페트로브라스 비리도 포함되어 있음.

1.2. PEST 분석 틀

PEST 분석이란 기업전략 수립 과정에서 비즈니스 환경 분석(business environment scan) 시 사용되는 대표적인 개념적 틀 가운데 하나로 기업이 활동하는 시장을 둘러싼 네 가지 거시적 요소, 즉 정치적(political), 경제적(economic), 사회적(social), 그리고 기술적(technological) 요소를 자세하게 기술하는 것을 의미한다. 이들 네 가지 거시적 요소는 사실상 개별 기업이 통제할 수 없지만 보통 경영 전반에 결정적인 영향을 미칠 수 있다는 점에서 기업전략 수립 시 가장 먼저 고려될 필요가 있다. 예를 들어, <표 1>과 <표 2>에서 살펴본 바와 같이 한국의 대브라질 수출 및 직접투자 규모는 2000년대 중후반 BRICS 열풍과 더불어 빠른 속도로 증가하다가, 2010년 초반 세계경제 침체에 따른 원자재 가격 하락 그리고 이에 따른 브라질 경제위기와 더불어 갑작스럽게 큰 폭으로 줄어드는 모습을 보이는데, 이는 거시적 경제환경이 기업 활동에 미치는 영향에 대한 좋은 예가 될 수 있을 것이다. PEST 분석은 때로는 PESTEL 또는 PESTLE 분석으로 불리기도 하는데 이는 법적(legal) 그리고 환경적(environmental) 요소를 추가하여 살펴보는 것을 의미한다.

각각의 요소에 포함될 수 있는 내용을 정리하면 다음과 같다:

- 정치적 요소: 비즈니스에 직간접적인 영향을 미칠 수 있는 정부로부터의 간섭(예. 세법, 노동·고용법, 환경규제, 무역제재, 관세법, 각종 규제, 정치적 안정 등) 및 정부가 제공하는 공공재(예. 의료, 교육, 인프라 환경 등) 등을 모두 포함.
- 경제적 요소: 거시경제 관련 환경을 모두 포함(예. 경제성장률, 이자율, 환율, 인플레이션율, 경기순환 등). 보통 기업 수익에 결정적인 영향을 미치는 경우가 많음.
- 사회적 요소: 기업이 생산하는 제품 또는 서비스의 생산 또는 수요에 직간접적인 영향을 미칠 수 있는 모든 사회 문화적 환경을 포함. 이는 인구 증가율, 연령별 인구수 등 기본 인구통계학적 변수뿐만 아니라 현재 주목할 만한 모든 사회적 추세를 포함(예. 웰빙 열풍, 안전 불감증 등).

- 기술적 요소: 시장 내 발생하고 있는 모든 기술적 변화를 포함(예. 산업 내 연구 개발 활동 추이, 공장 자동화 정도, 기술 발전 속도 등). 혁신을 통해 나타나는 기술적 발전은 경우에 따라 시장 질서를 완전히 바꿀 수 있음(예. 스마트폰의 출현 등).

이어지는 글에서는 PEST 분석 틀에 따라 브라질 경영 환경을 정치적, 경제적, 사회적 그리고 기술적 요소로 구분하여 살펴보고자 한다.

1.3. 브라질 비즈니스 환경

1.3.1. 정치적 요소

브라질에서 비즈니스를 영위하는 기업에 직간접적인 영향을 미칠 수 있는 브라질 내 정치적 요소는 무엇이 있으며 이는 기업 수익에 어떠한 영향을 미치는가? 물론, 수많은 변수가 이에 해당할 수 있겠으나(예를 들어, 최근 지우마 대통령 탄핵에 따른 정국 불안 등), 본 장에서는 이와 관련하여 비즈니스 관점에서 특히 주목할 만한 몇 가지 항목, 즉 1) '브라질 코스트', 2) 해외직접투자 유치 정책 관련 내용을 집중적으로 살펴보고자 한다.

'브라질 코스트'

브라질의 정치적 환경과 관련하여 가장 먼저 언급될 필요가 있는 것은 단연코 '브라질 코스트'일 것이다. 이미 위에서 잠시 언급한 바와 같이 이는 관료주의적 행정체계 또는 지나치게 복잡하고 까다로운 각종 규정·규제로 말미암아 비즈니스가 오랫동안 지연, 심지어 취소되거나 의도치 않게 법률을 위반, 제재를 받게 됨으로써 발생하는 불필요한 추가 지출을 의미하며, 수출입 통관, 건축허가, 법인 설립 등 정부의 인허가가 필요한 사실상 거의 모든 분야에서 나타난다. <참고 2>는 농업 분야에서 나타나는 '브라질 코스트'의 예를 보여주고 있다.

참고 2 **농업 분야에서 나타나는 '브라질 코스트'**

브라질 농업은 높은 육상 운송 비용 및 항구 사용료, 광범위하고 경직된 노동법, 관세, 환경 및 반독점 등과 관련하여 불확실한 규제 환경, 복잡한 조세제도 등으로 말미암아 많은 곤란을 겪고 있다. 이와 더불어 높은 투자 비용 그리고 생산 및 유통 과정에서 병목현상으로 말미암아 나타나는 비효율성도 추가될 수 있다. '브라질 코스트'로 불리는 이러한 각종 제약은 거의 모든 산업에서 브라질 기업 경쟁력에 부정적인 영향을 미치고 있다. 브라질 기계 및 장비 생산자 협회(CMA)의 보고서에 따르면 '브라질 코스트'는 미국이나 독일과 비교해 8가지 농산물 및 기계류 제품 가격을 평균 약 36% 높인 것으로 나타났다. 아울러 새로운 비즈니스를 시작하는데 요구되는 번거로운 신청 절차와 정부 규정을 준수하기 위해 들어가는 인건비 및 소프트웨어 비용 그리고 최종 소비자 가격에 포함된 높은 세금(약 50% 이상)은 농업 부문의 확대에 많은 걸림돌이 되고 있다.

농업 분야에 종사하는 생산자에게 있어 '브라질 코스트'는 다양한 형태로 나타날 수 있다. 농작물 생산을 위한 재원 조달이 매우 비싸기 때문에 많은 무역 회사는 먼저 농부에게 비료, 살충제 등을 제공한 후 이를 나중에 수확한 농작물과 물물교환하는 형식으로 거래한다. 이러한 스와프 거래는 계약 조건에 따라 약 30가지 종류가 있다. 이러한 방식으로 사업을 하는 것은 현금 거래보다 효율적이지는 않지만, 대부분의 소규모 생산자가 높은 비용을 감당할 수 없으며 신용을 통한 자금 확보가 곤란하다는 점에서 불필요한 측면이 있다. 이러한 유형의 비효율성은 생산 과정에서 높은 관리 비용을 초래한다. 또 다른 사례에서 식품 가공 업체는 새로운 브랜드 또는 제품을 출시하기 전에 브라질 정부의 승인을 받아야 하므로 신제품을 수출하는 과정에서 시간을 낭비하게 된다. 브라질 대형 식품 가공 업체는 이러한 관료주의로 말미암아 다른 국가로의 판매가 중단되었다고 보고하고 있다.

'브라질 코스트'의 또 다른 사례로는 여러 대의 트럭을 직접 구매, 운영함으로써 적시에 물품을 운송하고 관리 비용을 절약할 수 있는 충분한 자금력을 가진 대형 농업 관련 기업도 실제로 이를 실천하지 못하고 있다는 점을 꼽을 수 있다. 이들 기업은 정부의 다양한 트럭 운송 관련 규제가 이러한 시도를 억제하고 있다고 주장하고 있다(예. 트럭 운전자 관련 노동법 등). 물론, 중소 운송 업체는 이러한 규정을 준수하고 있지 않은 경우도 많다고 알려졌으나 대형 운송 업체의 경우 보통 공공관계 측면에서 이를 무시할 만한 '호사'를 누릴 수 없으며, 게다가 이미 산업 내 마진폭이 매우 작은 상황에서 이러한 규정 준수 비용은 매우 비싸질 수 있다.

(United States International Trade Commission, Brazil: Competitive Factors in Brazil Affecting U.S. and Brazilian Agricultural Sales in Selected Third Country Market, Box 4.2를 번역, 인용)

The World Bank가 매년 발행하는 Doing Business 보고서에서도 '브라질 코스트'의 심각성을 쉽게 확인할 수 있다. 『Doing Business 2017』의 경우, 총 190

개국을 대상으로 11개 분야에 걸쳐- 구체적으로, 1) 기업 설립, 2) 건축 허가, 3) 전기 수급, 4) 재산 등록, 5) 신용 대출, 6) 소액 투자자 보호, 7) 세금, 8) 무역, 9) 계약 분쟁 해결, 10) 지급 불능 해결, 11) 노동 시장 규제 - 객관적으로 측정된 자료를 수집, 각국의 비즈니스 환경을 체계적으로 비교하고 있다. 해당 보고서 결과를 따르면 브라질의 Ease of Doing Business 점수(11개 분야의 합산 점수)는 100점 만점에 56.52점으로 전체 190국 가운데 2016년 121위, 2017년 123위로 하위권을 면치 못하고 있을 뿐만 아니라 앞으로 별다른 개선의 조짐도 기대하기 힘든 형편인데, 이는 라틴아메리카 및 카리브해 지역 평균에도 미치지 못하는 점수이다(지역 평균=58.75; 참고로 1위 뉴질랜드의 경우 86.96점). 특히, 1) 기업 설립, 2) 건축 허가, 7) 세금 항목의 경우 170등 미만으로 사실상 전 세계 최하위권에 속하는데 이는 브라질의 비즈니스 환경이 그만큼 녹록지 않다는 좋은 예가 될 수 있을 것이다. 참고로, 기업 설립의 경우 총 11개 신고 및 등록 과정을 거치면서 평균 79.5일이 소요되는 것으로 나타났다.

<표 4> The World Bank의 'Doing Business 2017': 브라질의 비즈니스 환경

기업 설립	건축 허가	전기 수급	재산 등록	신용 대출	소액 투자자 보호	세금	무역	계약 분쟁 해결	지급 불능 해결	노동 시장 규제
175위	172위	47위	128위	101위	32위	181위	149위	37위	67위	n/a

(출처: Doing Business 2017)

불안한 치안도 '브라질 코스트' 가운데 중요한 부분을 차지하고 있음은 의심의 여지가 없을 것이다. 2017년 브라질 최대 경제단체인 전국산업연맹(Confederação Nacional da Indústria, CNI)이 브라질에서 활동하는 2,952개사를 대상으로 실사한 설문조사 결과를 따르면 2016년 기준 이들 기업이 치안 불안으로 말미암아 입은 손해는 270억 헤알(약 9조 6천만원)에 달하며, 전체 기업 가운데 약 30%가 강·절도 등으로 피해를 경험한 바 있다고 보고하고 있다. 물론, 한국 기업도 예외가 될 수는 없다. 예를 들어, 삼성전자는 2014년 7월 무장 강도 침입으로 약 65원 상당의 전자제품을 도난당한 바 있다(참고 3).

치안과 더불어 현지 기업을 가장 괴롭히는 대표적인 '브라질 코스트'로서 복

참고 3 삼성전자 브라질 공장에 무장강도… 인명피해는 없어

삼성전자 브라질 생산공장에 7일(현지시각) 무장 강도가 들어 상당량의 제품을 훔쳐 달아났다. 브라질 경찰과 언론에 따르면 상파울루주 캄피나스시에 있는 삼성전자 공장에 이날 새벽 20여 명의 무장 강도가 침입했다. 공장은 상파울루시에서 93㎞ 떨어진 캄피나스시의 동 페드로 1세 고속도로변에 있다. 경찰은 목격자들의 진술 등을 바탕으로 "범인들이 직원으로 가장해 밴을 타고 공장에 들어갔으며, 경비원과 직원 등 50여 명을 제압하고 2개 건물에 몰아넣었다"고 말했다. 범인들은 경비원들의 무장을 해제했으며 경찰에 신고하지 못하도록 직원들의 휴대전화에서 배터리를 모두 제거했다. 범인들은 이후 경비원과 직원들을 3시간가량 인질로 붙들어 둔 채 트럭 7대에 노트북과 휴대전화, 태블릿 PC 등을 싣고 달아났다. 경찰은 이날 범행 과정에서 다행히 인명 피해는 없었다고 전했다. 이날 사건에 따른 피해 규모는 65억 원 정도에 달할 것으로 추산된다. 그러나 손해보험에 가입돼 있어 실질적인 피해는 거의 없을 것이라고 삼성전자 브라질 법인은 밝혔다. 삼성전자 브라질 법인 측은 "현재 경찰이 수사 중이며 삼성전자는 경찰 수사에 적극적으로 협조하고 있다"면서 "이런 사건이 발생해 유감이지만 인명 피해가 없어 다행이며 사태 수습에 전력을 기울이고 있다"고 말했다. 경찰은 사전에 치밀하게 계획된 범행으로 보고 CCTV 화면을 이용해 범인들의 행적을 좇고 있으며 내부 공범자가 있을 가능성도 조사하고 있다.

(출처: 연합뉴스, 2014년 7월 8일 기사)

잡한 조세제도와 지나치게 노동자 친화적인 노동법 등을 꼽을 수 있다. 실제로, 『Doing Business 2017』 조사 결과를 따르면 브라질의 경우 세금 납부와 관련하여 형식적인 행정 절차에 소모되는 업무 시간이 평균 2,038시간에 달할 만큼(참고: 미국의 경우 평균 175시간; 라틴아메리카 및 카리브해 지역의 경우 342시간) 복잡하며, 담세율도 다른 나라와 비교해 높은 편이다(참고: 브라질 기업의 평균 이익 대비 세금 납부 비율은 약 68.4%; 미국과 라틴아메리카 및 카리브해 지역 평균 비율은 각각 44.0%와 46.3%). 더불어, 조세 종류가 매우 다양하고(약 80개) 과세 방식이 복잡한 관계로 때에 따라 의도치 않게 탈세를 저지를 수도 있다. 또한, 1997년부터 시행된 브라질의 이전가격세제는[2] 국제적인 정상가격 원칙과는 괴리되어 있으며 협상의 가능성도

2) 이전가격이란 다국적기업 내 내부거래, 즉 모회사와 자회사 등과 같은 관련 기업 간 거래가격을 의미함. 다국적 기업은 국가 간 법인세율 차이를 이용, 이전가격을 조작함으로써 세후 이익을 극대화할 수 있음. 예를 들어, 한국 기업의 브라질 자회사가 한국 본사로부터 의도적으로 제품을 시장가격보다 비싸게 들여오는 경우, 해당 기업의 수익은 브라질보다 한국에 많이 남게 될 것임. 이 경우 브라질 정부는 이전가격을 무시하고 정상가격을 기준으로 과세할 수 있는데 이를 이전가격

없을 뿐만 아니라 행정적 또는 사법적 구체절차도 최종 결정까지 10년 이상의 장시간이 소요되므로 현지 기업운영에 큰 부담이 되고 있다(국세청, 2011).

9장 '인적자원관리'에서 보다 자세하게 다룰 예정이지만 브라질 노동법도 현지 기업에 상당한 부담으로 작용하고 있다. 브라질 근로자 임금은 브라질의 경제 수준을 고려하면 꽤 비싼 편이다. 브라질의 최저임금은 주 44시간, 월 30일 기준 880헤알로 약 30만원 수준이다. 하지만 2011년 미국 노동부 조사 결과를 따르면 브라질의 평균 제조업 임금 수준은 시간 당 11.65달러로(한국은 18.91달러) 이는 아르헨티나보다는 낮지만(15.91달러) 멕시코보다는 월등히 높은 수치이다(6.48달러). 이 가운데 복리후생 관련 지출(예. 각종 보험·연금, 사회복지 기여금 및 상여금 등)이 차지하는 비중이 약 46%로 나타났는데 이는 조사에 포함된 34개국 중 벨기에, 프랑스, 그리고 오스트리아에 이어 4위 수준이다. 이와 더불어, 노동 계약서 자체가 당사자 간 자치주의 원칙을 제한하고 있으며 기본적으로 노동법이 근로자에게 극단적으로 유리하게 해석되기 때문에 근로자는 작업장 내 고용 관련 문제가 발생하는 경우 굳이 사용자 측과 협상하기보다 법적 해결을 구하는 편이며 이는 결국 소송 남발로 이어지고 있다. 예를 들어, 폴크스바겐 브라질(Volkswagen do Brasil)의 경우 총근로자 수는 2016년 기준 약 1만8천 명이지만 노동 소송은 3만 건을 넘는다. 특히, 한국 및 일본 기업의 경우, 근면·성실을 강조하는 특유의 조직문화가 브라질 근로자와 충돌하면서 조직 내 다양한 문제를 낳고 있으며 이는 종종 소송으로 이어지고 있는 형편이다.

해외투자유치 정책

위에서 언급된 '브라질 코스트'가 다국적기업의 입장에서 투자를 망설이게 하는 주요 요인으로 작용한다면 브라질 정부의 해외투자유치 정책은 대표적인 투자 유인 요인으로 작용한다. 브라질 정부는 과거 다른 여러 라틴아메리카 국가와 마찬가지로 오랫동안 수입대체정책을 추진한 바 있으나 소위 '잃어버린 10년 이후' 1990년대부터 시장개방체제로 전환, 해외직접투자에 꾸준히 우호적인 태

과세, 또는 다른 말로 정상가격에 의한 과세조정이라고 함. 브라질의 경우 1996년 법령 9430호에 근거 이전가격 제도를 시행하고 있음.

도를 보였으며 이러한 경향은 최근까지도 이어지고 있다. 1988년 헌법 개정 이후 브라질 내 모든 외국계 기업은 법적으로 자국 기업과 동등한 지위를 누리게 되었으며(내국자본 동등대우의 원칙), 이는 모든 브라질 해외투자유치 정책의 기본적인 바탕을 이룬다. 다시 말해, 모든 투자유치 촉진 정책은 외자 유치만을 목적으로 하는 것이 아닌, 자국 기업과 외국계 기업에 똑같이 적용된다는 것이다. 따라서 모든 외국계 기업은 자국 기업과 마찬가지로 모든 정부자금 조달 또는 보조금을 받을 수 있으며, 정부의 인프라 사업 입찰도 가능하다(예. 통신, 전력, 항만 등). 하지만 특히 제조업 등 이차 산업의 경우 브라질 자국 기업의 경쟁력이 다국적기업과 비교해 상대적으로 많이 떨어지는바, 외국계 기업의 입장에서 이는 좋은 사업 기회로 이어질 수 있다. 이러한 시장개방정책 이후 브라질 산업 내 경쟁 구도는 커다란 변화를 겪었는데 <참고 4>는 그 예 가운데 하나로 브라질 PC 산업의 변천사를 소개하고 있다.

참고 4 **브라질 PC 산업의 변천사**

1985~92년 사이 브라질 정부는 자국 컴퓨터 산업을 보호, 육성하고자 두 가지 조건 -즉, 1) 자국 내 사업체를 가지고 있을 것, 2) 국내에서 PC 제작이 이루어질 것 - 을 충족하지 못하는 경우 외국계 기업의 진입을 불허했다. 이러한 정책적 '배려'로 말미암아 당시 여러 브라질 기업이 PC 산업에 뛰어들었지만, 경쟁력 있는 기업은 나타나지 않았으며 오히려 예상치 못한 부작용으로 말미암아(예. 기업 간 가격 담합 등) 브라질 PC 산업 발전이 크게 늦어지는 결과로 이어졌다. 정책 실패를 인정, 브라질 정부는 92년 위 두 가지 조건을 폐지, 외국계 기업의 진입 조건을 대폭 완화하고 새로운 인센티브를 제공하는 정보진흥법(Política Nacional de Informática, PNI)를 발표했다. 새로운 조건은 다음과 같다: 1) 모든 PC 생산업체는 최소한 '머더보드'를 브라질에서 조립해야 하며, 이 경우 컴퓨터 가격의 약 15%에 달하는 공산품세(Imposto sobre Produtos Industrializados, IPI)를 면제받을 수 있음, 2) 매출액의 5% 이상을 연구개발비에 투자해야 함. 이후 IBM, Compaq, Hewlett-Packard 등이 브라질 캄피나스(Campinas) 지역 등에 공장을 설립, PC를 생산하기 시작했으며 대부분의 자국 PC 생산업체는 Itautec을 제외하고 모두 사라졌다. Compaq의 경우 브라질 PC 생산공장을 라틴 아메리카 시장 공략을 위한 전진기지로 활용했으며 1997년까지 약 1.7억 달러에 달하는 PC를 수출했다. 브라질 PC 가격은 크게 하락하기 시작했으며(약 50% 이상) IT 기기에 대한 소비가 93년 77억 달러에서 97년 138억 달러로 증가했다.

(출처: Grosse, 2006, International Business Strategies in Brazil)

<참고 4>에서 확인할 수 있는 바와 같이 브라질 정부는 자국 내 산업 발전을 위해 전략적으로 다양한 인센티브와 함께 투자촉진 정책을 사용하고 있음을 알 수 있다. 하지만 위에서 언급된 내국자본 동등대우 원칙에 따라 외국인 투자에 관한 별도의 법이 없으며, 연방정부, 주 정부, 시 정부 모두 서로 다른 인센티브를 제공함과 동시에 그 내용도 자주 바뀌는 관계로 브라질에 진출하고자 하는 외국계 기업은 이를 자세히 파악할 필요가 있다. 더불어, 항공, 보험, 미디어 등과 같은 특정 산업의 경우 법률상 외국계 기업 투자가 원천적으로 금지되어 있다.

1.3.2. 경제적 요소

브라질은 라틴아메리카에서 가장 큰 경제 규모를 가지고 있으며 BRICS 훈풍과 더불어 2000년부터 2012년까지 매우 빠른 속도로 성장했다. 가장 정점이었던 2012년 브라질 경제규모는 영국을 추월, 세계 6위 수준까지 수직 상승했다. 하지만 이후 브라질 경제는 2017년까지 심각한 불경기에 돌입했으나 최근 회복의 조짐이 곳곳에서 나타나고 있다. 전체 GDP에서 1~3차 산업이 차지하는 비

<표 5> 브라질 경제 기본 통계 자료(연평균)

	2012	2013	2014	2015	2016
총 GDP(백만 USD)	2,464	2,468	2,455	1,798	1,799
1인당 GDP(USD)	12,364	12,278	12,106	8,792	8,731
실업률	7.4	7.1	6.8	8.5	11.5
연간 물가상승률(CPI 기준)	5.4	6.2	6.3	9.0	8.7
GDP 대비 정부부채 비율	53.7	51.5	56.3	65.5	69.9
환율	2.05	2.36	2.66	3.96	3.25
BOVESPA[3] 지수(전년대비 변화율)	7.4	-15.5	-2.9	013.3	38.9
수출(백만 USB)	243	242	225	191	185
수입(백만 USD)	223	240	229	171	138

(출처: Instituto Brasileiro de Geografia e Estatística, IBGE)

3) 한국의 KOSPI지수에 해당하는 브라질의 주가지수

중은 CIA World Fact book 2016년 기준 각각 6.3%, 21.8%, 72%이다(참고로, 한국의 경우 같은 자료 기준, 각각 2.3%, 37.6%, 60.2%). 브라질 경제 기본 통계 자료는 <표 5>와 같다.

본 장은 브라질 경제에 관한 심도 있는 논의를 하는 자리가 아닌 브라질 경제의 기본적인 특징을 개괄적으로 살펴보는 것을 목적으로 한다. 따라서 브라질 경제의 특징과 관련하여 학계에서 가장 활발하게 논의된 바 있는 두 가지 주제, 즉 1) '네덜란드병(Dutch disease)' 그리고 2) 탈산업화(de-industrialization) 관련 논의를 이어서 서술하고자 한다.

'네덜란드병'

'네덜란드병' 또는 이와 비슷한 의미로 쓰이는 '자원의 저주'란 영국 주간지 The Economist가 1977년 기사에서 네덜란드 경제가 천연가스 개발 이후 오히려 침체에 빠진 현상을 지칭하기 위해 처음 사용한 용어로 자국 내 풍부한 자원을 가지고 있는 국가의 경제성장률이 그렇지 않은 국가보다 상대적으로 낮아지는 현상을 지칭한다. 국제통화기금(International Monetary Fund, IMF)은 석유 등과 같은 재생 불가능한 - 즉, 한번 쓰면 없어지는 - 천연자원이 전체 수출 또는 재정수입에서 최소 20% 이상을 차지하는 51개 국가를 소위 자원 부국(resource-rich)으로 분류하고 있는데 Venables(2016)는 이들 국가 가운데 저소득 혹은 중간소득 국가로 분류 가능한 29개국의 경우 다음과 같은 네 가지 특징, 즉 1) 경제 전체가 자원에 지나치게 의존하며, 2) 저축률이 낮으며, 3) 경제발전이 더디며, 마지막으로 4) 원자재 가격 등락에 따라 자원 수익의 등락 폭이 지나치게 커지는 현상이 공통으로 나타난다고 적고 있다.

하지만 풍부한 자원이 항상 '저주'로 이어지는 것은 아니라는 주장도 만만치 않은데 예를 들면 Brunnschweiler & Bulte(2007)은 대다수 관련 선행 연구가 자원의 풍부함(resource abundance)을 제대로 측정하지 못했다는 점을 지적하면서 이를 '올바로' 측정하는 경우 풍부한 자원은 일반적으로 경제발전에 긍정적인 영향을 미친다고 주장한 바 있다. 이러한 맥락에서 관련 선행 연구 결과를 수집, 분석한 Havranek et al. (2016)의 메타분석(meta-analysis) 결과를 따르면 이

<그림 1> 기술집약적 제품의 수출 비중(1995~2013)

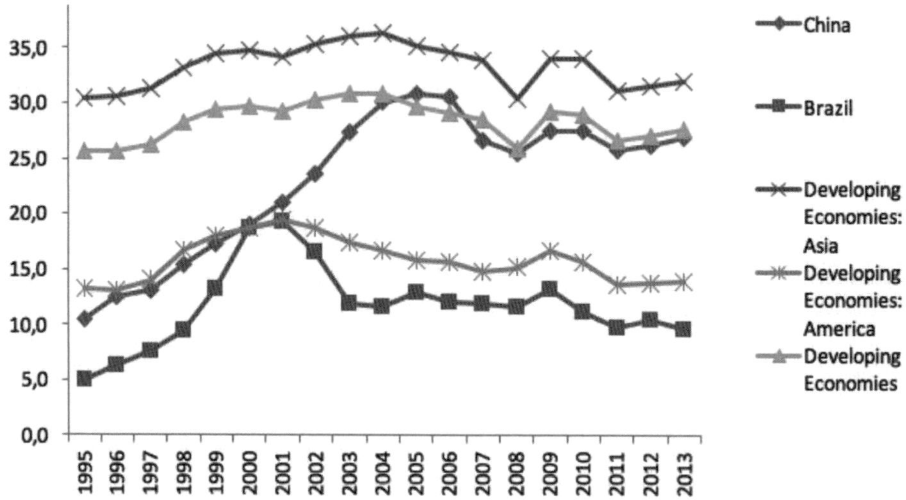

(출처: Diegues et al. 2015, p. 4)

들 연구 가운데 약 40%는 두 변수 간 음의(-) 상관관계를, 약 20%는 반대로 양의(+) 상관관계를, 그리고 나머지 40%는 어떠한 상관관계도 발견하지 못한 것으로 나타났다. 따라서 최근 '네덜란드병' 관련 연구는 단순히 두 변수 간 상관관계를 통계적으로 검증하는 것을 넘어서 구체적으로 어떠한 사회 제도적 환경에서 풍부한 자원이 경제발전에 긍정적인 혹은 부정적인 영향을 미치는지 살펴보기 시작했다.

브라질은 석유 및 천연가스 등 풍요로운 지하자원과 농산물로 말미암아 종종 '신이 내린 땅'으로 불려 왔으나 지금까지 경제발전은 사실상 이러한 기대치에 미치지 못한 것이 사실이다. 이러한 맥락에서 혹자는 브라질 수출 품목에서 농산물 및 광물 등 원자재가 차지하는 비중이 지나치게 높다는 점을 지적하면서 - 약 50% 이상 - 2000년대를 휩쓴 원자재 붐은 브라질 경제에 많은 부를 가져다 주었으나 동시에 이는 헤알화의 지나친 절상을 초래, 결과적으로 제조업 발전에 부정적인 영향을 미쳤다고 주장하고 있다(예. Nassif et al., 2015). 실제로, 브라질의 기술집약적 산업은 몇몇 특정 분야를 제외하고 그 발전 속도가 매우 더딘 편이며(그림 1) 연구개발 투자도 2000년대 이후로 거의 정체 상태에 놓여있다.

하지만 이에 대한 반론도 만만치 않다. 브라질의 제조업 발전 속도가 특히 같은 BRICS 국가 가운데 하나인 중국 등과 비교해 상대적으로 더딘 이유는 '네덜란드병' 때문이 아닌 높은 이자율과 세금 그리고 부족한 인프라 등 위에서 언급된 '브라질 코스트' 때문에 나타나는 현상으로 보는 것이 타당하다는 것이다. 물론, 반대론자도 원자재 가격은 일반적으로 다른 품목보다 등락 폭이 상대적으로 큰 편이며 따라서 특히 전체 수출에서 원자재가 차지하는 비중이 높은 브라질의 경우 이는 헤알화의 급등 혹은 급락을 초래, 결과적으로 제조업 발전에 부정적인 영향을 미칠 수 있다는 점을 인정하고 있다. 하지만 이들은 동시에 브라질 경제에서 제조업이 차지하는 비중이 여전히 건재한 편이라는 점을 지적하면서 중동 및 아프리카 산유국과 브라질의 경제구조는 기본적으로 체질 자체가 다르다는 점을 강조하고 있다(Strack & Azevedo, 2013).

탈산업화

위에서 언급된 '네덜란드병' 관련 논의는 자연스럽게 탈산업화 또는 산업 공동화 현상 관련 논의로 이어진다. 탈산업화란 경제 전반에 걸쳐 '굴뚝산업'으로 대표되는 제조업 비중이 줄어들고 상업, 금융업, 여행업 등 서비스업 비중이 늘어나는 현상을 지칭한다. 일반적으로, 이는 경제발전 과정에서 필연적으로 나타나는 현상으로 널리 인식되고 있으며 - 즉, 2차 산업에서 3차 산업 중심 경제로 진입하면서 나타나는 현상 - 1) 소득 수준의 향상에 따른 서비스 수요 증가(예. 외식, 여행 등), 2) 제조업 생산성 향상에 따른 제품 가격 하락, 3) 공정 자동화 등에 따른 생산직 근로자 감소, 4) 생산공정의 글로벌 아웃소싱 등이 대표적인 원인으로 꼽히고 있다. 북미 및 유럽 선진국의 탈산업화는 1900년대 초중반부터 매우 느린 속도로 천천히 이루어졌지만, 최근 개발도상국의 탈산업화는 이와 비교하기 어색할 정도로 훨씬 빠른 속도로 이루어지고 있는데 이에 대한 학계의 평가는 다소 엇갈리는 편이지만, 대다수 경제학자는 일반적으로 이러한 조숙한 탈산업화가 앞으로 개발도상국의 경제발전에 상당 부분 부정적인 영향을 끼칠 가능성이 크다는 점에 동의하고 있는 편이다.

한국의 경우 고용 측면에서 제조업 비중은 1989년 최고점을 찍은 후 천천히 감소하고 있으나 생산 측면에서 제조업 비중은 오히려 지금까지 여전히 증가하고 있다는 점에서 과거 서방 선진국의 탈산업화와는 다소 다른 모습을 보인다(오준병, 2005). 하지만 브라질의 탈공업화는 이와는 또 다른 양상을 보인다. <표 6>에서 확인할 수 있는 바와 같이 한국과 브라질 모두 고용 측면에서(전체 고용 대비 제조업 고용인구) 제조업 비중은 약 20% 초중반 수준으로 큰 차이를 보이지 않지만, 생산 측면에서(GDP 대비 제조업 부가가치 생산액 비중) 제조업 비중은 매우 뚜렷한 차이를 보이는데 한국의 경우 30% 선을 꾸준히 유지하는 반면 브라질의 경우 수치가 지속해서 감소하고 있다. 이러한 현상이 나타나는 원인 가운데 적어도 일부는 <표 7>에서 확인할 수 있다. <표 7>을 살펴보면 브라질 제조업 생산액은 1996년부터 2011년까지 꾸준히 증가했다. 같은 기간 동안 브라질 전체 제조업체 자본금의 증가는 약 115%(1790/2050*100)에 불과하지만, 전체 고용인구의 증가는 155%(6.2/4.0*100)에 달하는데 이는 브라질 제조업 생산액의 증가가 시설 투자를 통한 산업고도화가 아닌 상당 부분 고용 증가에 기인하고 있음을 의미한다.

더불어, GDP에서 제조업이 차지하는 비중이 줄어들면서 반대급부로 서비스업이 차지하는 비중이 1987년부터 꾸준히 증가, 2015년 기준 약 70%를 웃돌고 있는데 2016년 OECD 보고서 『Services and Performance of the Brazilian Economy: Analysis and Policy Option』를 따르면 브라질 서비스업 상황도 제조업과 그다지 다르지 않은 것으로 보인다. 브라질 서비스업의 비중은 1인당 GDP 수준이 비슷한 다른 나라와 비교했을 때 지나치게 높은 편이며 또한 낮은 경쟁력으로 말미암아 수출보다 내수, 특히 가계 소비에 집중되는 경향을 보인다. 종합하면, 브라질 경제의 탈산업화 현상은 제조업의 낮은 생산성 그리고 이에 따른 경쟁력 상실에서 비롯하는 것으로 볼 수 있으며 서비스업 상황도 이와 크게 다르지 않다는 점을 고려하면 브라질 경제에서 원자재가 차지하는 중요성은 앞으로도 한동안 이어질 것으로 판단된다. 이는 브라질 경제가 원자재 가격 추이에 따라 심한 부침을 보일 가능성이 크다는 것을 의미하며 브라질에 진출하고자 하는 기업은 전략수립 시 브라질 경제의 이러한 측면을 충분히 고려할 필요가 있을 것이다.

<표 6> 한국과 브라질 제조업 – 고용 비중과 생산 비중

		'07	'08	'09	'10	'11	'12	'13	'14	'15	'16
한국	제조업 고용인구 (전체 고용 비중, %)	25.5	25.0	24.5	25.0	24.8	24.5	24.4	24.6	25.1	24.9
	부가가치 생산액 (GDP 비중, %)	28.2	28.6	28.7	30.7	31.4	31.0	31.0	30.2	29.8	29.3
브라질	제조업 고용인구 (전체 고용 비중, %)	22.0	N/A	22.1	24.1	24.1	23.9	23.5	22.9	22.2	N/A
	부가가치 생산액 (GDP 비중, %)	16.6	16.5	15.3	15.0	13.9	12.6	12.3	12.0	11.8	11.7

(출처: The World Bank DataBank)

<표 7> 브라질 제조업 – 전국 사업체 설문조사를 통해 수집된 자료의 총량

	생산액 (백만헤알)	고용인구 (백만헤알)	임금 (백만헤알)	자본금 (백만헤알)	세금 (백만헤알)
1996	127	4.0	38.0	1,790	13.4
1997	137	3.7	40.2	1,760	14.5
1998	133	3.5	39.0	1,730	14.0
1999	155	3.5	39.4	1,740	14.6
2000	179	3.7	43.9	1,730	16.2
2001	207	3.8	48.4	1,710	18.1
2002	237	4.0	53.3	1,690	20.5
2003	359	4.4	69.3	2,280	27.0
2004	434	4.7	82.2	2,240	31.5
2005	460	5.0	92.8	2,240	35.5
2006	502	5.2	103.0	2,230	39.5
2007	538	5.4	113.0	2,190	45.1
2008	642	5.7	131.0	2,210	47.7
2009	594	5.6	138.0	2,220	50.3
2010	707	6.0	159.0	2,100	58.3
2011	780	6.2	180.0	2,050	66.0

(출처: Vasconcelos, 2015, p. 21)

1.3.3. 사회적 요소

브라질 시장의 사회적 요소도 지금까지 기술된 정치적 그리고 경제적 요소와 마찬가지로 여러 다양한 정보를 나열하기보다 몇 가지 핵심 사항, 즉 1) 브라질 소비자의 소득 수준 향상에 따른 사회적 변화, 2) 브라질 교육 시스템과 노동자의 질 그리고 마지막으로 3) 브라질인의 기업의 사회적 책임에 대한 인식 중심으로 서술을 이어가고자 한다. 브라질 문화의 경우 사회적 요소의 큰 덩어리를 차지하지만 이는 2장과 3장에서 집중적으로 다룰 예정이다.

브라질 소비자의 소득 수준과 특성

비록 최근 경제위기로 말미암아 성장세가 크게 둔화되었지만 2000년대 초반부터 약 10년간 지속한 경제 호황기 그리고 '볼사 파밀리아(Bolsa Família)'[4] 등과 같은 강력한 빈곤층 대상 복지정책으로 말미암아 가계 가처분 소득이 크게 높아지고 중산층의 수가 폭발적으로 증가하면서 - 2012년 기준 총인구의 50% 이상이 중산층 - 브라질 소비시장은 이제 더 무시할 수 없는 커다란 시장으로 성장했다. 브라질 소비시장의 규모는 2016년 기준 약 1조 1천 5백억 달러이며 이는 세계 8위 수준에 달한다(세계 소비시장의 3.26%를 차지, 참고로 한국은 15위, 1.55%; 가계최종소비지출(household final consumption expenditure, HFCE) 기준).

비록 중산층의 수가 크게 증가했다고는 하나 여전히 소득 상위 계층과 하위 계층 간의 간격은 매우 큰 편이며 따라서 브라질 소비자 시장은 분명한 양극화의 모습을 보인다. 통계 수집 차원에서 브라질 통계청(Instituto Brasileiro de Geografia e Estatística, IBGE)은 가계소득을 A~E까지 5단계로 나누어 측정하고 있다. 구체적으로, A 단계는 최저임금의 20배 이상, B 단계는 10~20배, C 단계는 4~10배, D 단계는 2~4배, E 단계는 0~2배의 소득을 벌어들이고 있는 계층을 의미하며, 참고로 2017년 기준 현재 브라질 최저임금은 880헤알(약 26만 7천원)이다. 2016년 기준 계층별 전체 분포 현황은 다음과 같다(표 8).

---

4) 룰라 정부가 2003년 집권과 함께 도입한 저소득층 생계수당 지원 정책.

<표 8> 브라질 소득 계층 분포 비중 — 지역별

	전국	남동부	남부	북동부	중서부	북부
A	2.9%	3.6%	3.4%	1.4%	4.2%	1.8%
B1	5.0%	6.2%	6.2%	2.7%	5.3%	3.4%
B2	17.3%	21.0%	20.6%	10.5%	18.7%	11.7%
C1	22.2%	25.3%	28.0%	15.1%	23.0%	17.9%
C2	25.6%	25.4%	24.8%	25.6%	27.5%	26.3%
D-E	27.0%	18.5%	17.0%	44.7%	21.3%	38.9%
합	100%	100%	100%	100%	100%	100%

(출처: Brazilian criteria 2015 and social class distribution update for 2016, ABEP)

소득수준의 향상과 함께 브라질 소비자의 행동 패턴도 앞으로 크게 바뀔 것으로 기대된다. 일반적으로 가계 소득이 연간 $15,000를 웃도는 경우 가계 소비의 질이 크게 바뀌는 경향을 보이는데 - 예를 들어, 농축 주스를 마시다가 생과일 착즙 주스로 제품을 바꾸는 것 등 - 이와 관련하여 글로벌 컨설팅 기업 The Boston Consulting Group은 가계 소득 증가에 따른 브라질 소비자의 품목별 소비 행동 패턴 변화를 측정, 보고한 바 있다. 연구 결과 총 네 가지 패턴이 나타났는데 이는 다음과 같다(Cunha, Cheng, Abida, 2013):

1) 전체 가계 지출의 약 40%는 소득 증가에 비례하여 소비도 함께 증가하는 제품 또는 서비스 구매에 사용된다(continuous growth). 이러한 제품 또는 서비스로는 가사 도우미 서비스 외 스낵(salty snack), 신선 과일 및 채소, 와인, 아동복, 건강보험, 소형가전기기, 스킨케어 제품 등이 있다.
2) 전체 가계 지출의 약 1/3은 소득 수준이 일정 수준을 넘어서는 경우 더 이상 소비가 늘지 않는 제품 또는 서비스 구매에 사용된다(plateau). 이러한 제품 또는 서비스로는 소프트 드링크 외 신선 고기, 비스킷, 맥주, 농축 주스, 스니커즈, 데오도란트 등이 있다.
3) 전체 가계 지출의 약 1/4은 처음에는 소비가 가파르게 증가하다가 소득 수준이 일정 수준을 넘어서면서 정체 현상을 겪은 후 다시 증가 추이로 돌아서는 제품 또는 서비스 구매에 사용된다(multiple inflection points). 이는 아마도 소득이 증가하면서 트레이딩 업, 즉 비슷한 종류의 제품이지만 더 비싸

고 좋은 제품 또는 서비스로 갈아타기 때문에 나타나는 현상으로 보인다. 이러한 제품 또는 서비스로는 어학학원 외 아이스크림, 즉석 음료(ready-to-drink juices), 사교육, 여성복, 의료상담(medical consultation), 향수, 수입 자동차 등이 있다.

4) 마지막으로, 전체 가계 지출의 약 2%는 소득 수준과 상관없이 소비가 일정한 제품 또는 서비스 구매에 사용된다(stable with incomes). 이러한 제품 또는 서비스의 예로는 밀가루, 녹말, 파스타 외 설탕, 감미료, 시리얼, 콩, 식물성 기름, 분말 우유, 달걀, 학교 급식 등이 있다.

해당 보고서는 또한 브라질의 평범한 두 중산층 가족을 소개하면서 이들의 소비 패턴을 기록하고 있는데 이를 요약, 본 지면에 옮기면 <참고 5>와 같다.

또 다른 글로벌 컨설팅 기업 PwC도 브라질 소비자를 대상으로 광범위한 설문조사를 시행, 그 결과를 『A revolução que os consumidores almejam, com a execução que os conquista: Total Retail 2016』 보고서에서 정리, 소개하고 있다. 이 보고서를 따르면 브라질 소비시장은 다음과 같은 특징을 가진다:

1) 품질보다는 가격이 중요하다. 다시 말해, 아무리 제품 또는 서비스의 품질이 좋아도 가격이 맞지 않으면 브라질 소비자는 이를 구매하지 않을 가능성이 크다. 이러한 소비 성향은 모든 소득 계층에서 똑같이 나타났다.
2) 소비자 간 커뮤니케이션은 온라인과 오프라인을 막론하고 모든 유통 채널에서 구매에 가장 결정적인 영향을 미치는 요인으로 나타났다.
3) 판매자의 판매 능력 - 예를 들면, 제품에 대한 전문 지식, 개별 소비자 맞춤형 서비스 제공, 소비자와의 교감 등 - 은 여전히 매우 중요하다.
4) 브라질 소비자는 특정 제품 또는 서비스 구매 시 소셜 네트워크 서비스를 통해 연결된 가족, 친구, 전문가, 평론가 등의 의견에 크게 의존하는 경향을 보인다.
5) 특히 밀레니엄 세대를 중심으로 모바일 구매가 일상화되고 있다.
6) 브라질 소비자는 커뮤니티를 형성, 판매자와 접촉하는 것을 선호한다(예. 공동구매 등).

참고 5 브라질 중산층의 소비 패턴

신중산층: Fildo, Ilza와 Carolina 가족

남편 Fildo(48세)는 석유시추선에서 일하며 아내 Ilza는 지역 운송회사에서 사무원으로 일한다. 가족의 한 달 수입은 3,100 헤알이다(2017년 기준 약 110만 원). 이 가족은 Cajueiro에 위치한 약간 좁지만 잘 정리된 40m2 크기의 집에서 살고 있다. 소득이 오르면서 이들은 새로운 가전도구 — 예를 들면, Whirlpool의 냉장고와 세탁기, Toshiba의 32인치 LCD TV, Electrolux의 전자레인지 — 를 구매했다. 또한, 이 가족은 최근 Acer 노트북, Philips 스테레오 그리고 딸 Carolina의 새로운 자전거를 구매했다. 이들의 여가생활도 바뀌었다. 이제 이들은 더 자주 — 하지만 경제적으로 — 여행을 한다. 이들은 집에 인터넷을 가지고 있지만, 케이블 TV와 비디오 게임은 사치스러운 것으로 생각한다. 보안에 대한 걱정 때문에 이들은 신용카드를 사용하지 않는다. 이들은 은행에 약간의 돈을 저축해 놓았으며, 앞으로 소득이 증가할 경우 이를 저축할 계획이지만 Apple iPad와 여행을 더 자주 갈 계획도 동시에 가지고 있다.

구중산층: Carlos, Sandra 와 Giovana 가족

Carlos와 Sandra의 수입은 매달 6,000 헤알이며(2017년 기준 약 215만 원), 브라질의 중상류층에 속한다. Carlos는 꽤 높은 임금을 받는 제철공장 판매대리인으로 근무하고 있으며 가족 가운데 유일한 생계부양자이다. 지출을 수입에 맞추기 위해 이들 가족은 여행과 외식을 줄였다. 또한, 이들은 São Paulo의 Saúde 지역에 소유하고 있는 임대 아파트를 팔아 현재 사는 집 계약금의 70%를 갚기를 원하지만 여러 부동산 규제로 말미암아 어떻게 될지 확신이 없는 상황이다. Carlos와 Sandra는 Giovana를 위해 많은 물건을 더 좋은 품질의 것으로 바꿨다. 이들은 자신의 딸을 위해 Nestlé, Pampers, Johnson & Johnson 등과 같은 브랜드를 선호하며 아파트 안에 딸을 위한 놀이터도 완벽하게 갖추었다. 이들은 Levi's 청바지, Nike, Adidas, Puma 스니커즈 등을 좋아하지만 이보다 싼 물건을 구매한다. 부엌에는 자체상표 상품 음식 그리고 약 상자에는 일반 약으로 가득하다. 부부는 Giovana가 사립 초등학교에 가서 영어와 추가 과목을 배우기를 원한다. 이들은 가족용 민간 의료보험에 가입했으며 Carlos는 추가로 생명보험에 가입했다. 이들은 전자제품을 더 좋은 것으로 바꿨다. 29인치 브라운관 TV는 여전히 쓰고 있지만, Apple iPad와 Nextel 후불 요금제에 가입, Sony 핸드폰 2개를 샀다. 이들은 집에서 인터넷을 쓰면서 종이 잡지 및 신문을 더는 사보지 않는다. 이들은 현금으로 산 Citroën C4 자동차를 몰고 있다.

PwC 조사 결과는 브라질 문화의 특징이 소비자 행동에 매우 강하게 반영되고 있음을 확인할 수 있다는 점에서 매우 흥미롭다(2, 3장 참조).

브라질 교육 시스템과 노동생산성

브라질에 진출한 외국계 다국적기업 가운데 상당수는 - 특히, 첨단 기술 기업의 경우 - 전문 지식을 갖춘 현지 고학력 종업원을 확보하는 데 많은 어려움을 겪고 있다. <참고 5>는 관련 사례를 다룬 기사를 소개하고 있다. 이들 사례는 모두 2010년대 초반 사례로, 당시 브라질 경제는 고공행진을 하고 있었으며 노동시장도 완전고용에 가까웠다. 하지만 이후 브라질 경제는 심각한 침체 국면에 진입했으며 실업률이 크게 치솟기 시작했다. 이러한 점을 고려하면 이들 사례는 물론 현재 시점에서 적절치 않을 수도 있다. 하지만 이들 사례는 동시에 '브라질 코스트'와 더불어 브라질 경제발전의 심각한 장애물로 작용하는 낮은 노동력 질(workforce quality)에 대한 좋은 예가 될 수 있다는 점에서 충분히 살펴볼 만한 가치가 있다.

대다수 전문가는 브라질 경제의 발목을 잡고 있는 낮은 노동 생산성 문제는 궁극적으로 효과적인 교육 시스템의 부재에서 비롯한다고 입을 모으고 있다. 각종 교육 관련 지수도 이러한 주장을 강력하게 뒷받침하고 있다. 예를 들어, OECD가 2015년 실시한 국제 학생평가 프로그램(Programme for International Student Assessment, PISA) 결과를 따르면 브라질은 총 72개국 가운데 수학은 67등, 과학은 65등, 읽기는 61등으로 사실상 최하위권에 머물렀다. 교육 투자액도 비슷한 양상을 보인다. 브라질의 교육 투자액은 OECD 국가 평균의 30% 수준에 머무르고 있으며 인프라와 교육 수준도 상대적으로 낮은 편이다.

고급 인력 수급에 직접적인 영향을 미치는 대학 교육의 경우도 사정은 그리 좋지 못하다. 브라질의 대학 진학률은 약 14%로 이는 OECD 평균(35%)은 물론 다른 라틴아메리카 국가 - 칠레(21%), 콜롬비아(22%), 코스타리카(23%), 멕시코(16%) 등 - 의 대학 진학률보다 낮은 수준이다. 직업교육의 사정도 그리 좋지 못한데 2014년 기준 15~19세 사이 청소년 가운데 4%만이 고등 직업교육에 등록했다(OECD 평균은 25%). 브라질에 진출한 외국계 다국적기업의 관점에서 이는 지나치게 노동자 친화적인 노동법과 더불어 성공적인 현지화에 심각한 도전이 될 수 있다.

참고 6 브라질 현지 인력수급의 어려움

3850명이 정원인 어니스트앤드영의 경우 현재 200여 개 자리가 비어 있다. 회사가 채용을 게을리한 것이 아니다. 어니스트앤드영은 지난해에 수습사원 700명을 채용했다. 그러나 이 가운데 30%는 정식 채용된 지 몇 달이 지나지 않아 곧 다른 기업으로 옮겼다. 현재의 경쟁업체는 물론이고, 회계산업에 뛰어들 예비 업체의 스카우트가 심각했다. 메네가시는 "이런 상황은 나아지지 않고 더 악화될 것"이라고 내다본다. "이런 현상에 대항하는 것은 무의미하다. 새로운 현실에 대응하는 방법을 배워야 한다." (중략) 브라질은 공교육의 질적 저하 탓에 대체로 변화 속도가 느리기 때문에, 갓 졸업한 학생들은 대부분 역량을 제대로 갖추지 못한 채 노동시장에 들어서게 된다. 기업들은 선택의 여지 없이 기초교육도 수료하지 못한 사람들을 흡수하게 된다. 리우데자네이루 가톨릭대학의 주제 마르시우 카마르구 교수는 "이런 신입사원들을 가르치는 일이 쉽지 않다"고 말한다. "건설 노동자에게 벽돌쌓기를 가르치는데, 만약 그가 글을 모르거나 계산·측정을 할 줄 모른다면 작업은 매우 느리고 비효율적으로 진행될 것이다." 이는 곧 브라질에서 제품 생산 원가를 높이고, 완성 시간 또한 늘리고 있음을 뜻한다. (중략) '아틀란치쿠 술 조선소'의 경우가 그러하다. 브라질 북동부 페르남부쿠(룰라 대통령의 고향으로, 룰라 정부가 강력한 경제개발 정책을 추진한 지역) 수아피항구에 2005년 세워진 조선소인데, 해운업 분야에 사업 경험이 없는 지역에서 조선업을 시작했다. 당연히 전문인력 공급이 큰 문제로 대두됐다. 조선소는 최근 1200명을 뽑기 위해 4개월간 7개 주에 구인광고를 냈다. 하지만 응시한 2만 장의 이력서를 평가한 결과, 대부분이 분야에서 전혀 일한 경험이 없는 사람들이었다. 현재 아틀란치쿠 술 조선소의 생산 분야에서 일하는 사람들은 전직으로 어부, 세일즈맨, 심지어 하인이었던 사람까지 있다. (중략) 첫 번째 유조선은 지난해 5월 룰라 대통령이 참석한 가운데 진수식을 거행했다. 유조선은 지난해 9월 납품을 완료하기로 했지만, 올해 5월로 미뤄졌다가 다시 올해 2분기로 연기됐다. 이렇게 시간이 계속 흐르다 보면, 납품은 착공 뒤 3년이 돼야 가능할 것이다. 한국과 싱가포르에서는 9개월 정도면 유조선을 완성한다. (중략) 지난해 말 브라질 최대 개발기업인 PDG는 상파울루 서부에서 27층 아파트 3개를 짓는 작업 기간에 노동자 100명 이상을 상파울루에서 70km 떨어진 산투스의 건설현장에 빼앗겼다. 대체인력 투입이 어려워, PDG는 지난해 12월로 예정된 아파트 완공 날짜를 맞추지 못했다. 건설 분야에서 건축물의 70%가 인력 부족으로 완공 지연을 경험하는 것으로 추정된다. 브라질 남부의 최대 금속·기계공업 도시인 카시아스두술에서, 자동차부품 제조업체 '란돈'은 지원자들에게 더 이상 관련 업종 경력을 요구하지 않고 있다. 대신 확성기를 설치한 선전 차량으로 도시의 외곽과 인근 지역을 돌아다니는 방법으로 사람들을 모은다. (중략) 전문가 부족은 성장을 방해하며 기업이나 국가의 사업에 어려움을 더한다. 정보기술(IT) 분야에는 현재 20만 명 정도가 부족하다. 2020년까지 이 분야에 75만여 명의 추가 인력이 필요할 것이다. 사업은 이미 인력 부족으로 침체 현상을 보이고 있다. IT 솔루션 및 서비스를 제공하는 기업인 BRQ 솔루션스의 임원 벤자민 카드로스는 "우리 기업은 인력 부족 방안으로 언제나 많은 사람들을 뽑아 교육하고 있다"고 말한다. 이 기업은 한 학생당 5천헤알(약 335만원)씩 지원하며 분기별로 전문인력 300명을 교육하고 있다. 카드로스는 "회사가 기업이 아닌 정보산업학교로 변한 것 같다"고 말할 정도다. 그런데도 BRQ에는 항상 200여 개 빈자리가 발생한다.

(출처: 이코노미 인사이트, 2011년 6월, "완전취업-인력부족, 모순의 브라질")

브라질인의 기업의 사회적 책임에 대한 인식

전 세계적으로 기업의 사회적 책임(corporate social responsibility, CSR)에 대한 사회의 요구는 1980년대 이후로 꾸준히 높아졌으며 물론 브라질도 예외는 아니다. 하지만 브라질의 경우 대표적인 가톨릭 국가 가운데 하나로 종교가 대다수 국민의 삶에 매우 깊은 영향을 미치고 있으며 - 예를 들어, Datafolha가 2006년과 2007년 시행한 설문조사 결과 브라질인 가운데 97%가 신의 존재를 믿고 있는 것으로 나타남 - 따라서 전통적으로 사회 전반에 걸쳐 온정주의(paternalism)에 입각한 자선의 중요성이 강조됐다. 미국 등 다른 나라에서도 이와 비슷한 자선 전통(tradition of philanthropy)을 찾아볼 수 있지만, 브라질의 경우 미국과 비교해 사회적 불평등 정도가 훨씬 심각하고 계층 간 이동이 매우 제한적인 편이며, 이러한 문제를 제대로 해결하지 못하는 정부에 대한 뿌리 깊은 불신에 대한 반작용으로 기업의 자선 활동에 대한 사회의 압박이 전반적으로 매우 강한 편이다(Galego-Álvarez, Formigoni & Antunes, 2014).

이러한 사회적 배경을 바탕으로 브라질은 CSR 활동과 관련하여 선진국 못지않은 발전 양상을 보여왔다. ISO 14001 환경경영체제 및 SA8000 사회적 책임 준수 국제표준 인증을 받은 모든 라틴아메리카 기업 가운데 절반 이상이 브라질 기업이며, 관련 NGO - 특히, 환경 및 소비자 단체 - 의 활동 및 감시도 매우 활발한 편이다. Crisóstomo, Freire & Parente(2014)는 IBASE5)(Instituto Brasileiro de Analises Sociais e Economicas) 데이터에 포함된 282개 브라질 기업을 대상으로 CSR 인덱스를 산출한 바 있다. 연구 결과, 브라질 기업 가운데 상당수는 CSR 활동을 수행하고 있으며 조직 내 관련 전담 인력도 배치된 것으로 나타났다. 이는 브라질에서 기업의 사회적 책임을 올바로 수행하는 것이 기업 평판, 더 나아가 장기적 차원에서 기업 성과에 매우 중요하며, 때에 따라 이는 지속적인 경쟁우위 또는 경쟁열위의 원천이 될 수 있음을 의미한다.

CSR 활동의 국가 간 차이를 살펴본 선행 연구 결과를 따르면 브라질 - 혹은 라틴아메리카 - 기업의 CSR 활동은 다음과 같은 특징을 가지는 것으로 보인다.

---

5) 1981년에 설립된 브라질의 비영리단체로서 한국의 경실련과 비슷한 역할을 하고 있음.

Matten & Moon(2008)은 CSR 활동을 1) 기업이 스스로 사회적 문제 해결에 적극적으로 나서는 명백한(explicit) CSR 활동과 2) 사회적 제도 속에서 다른 이해집단과 함께 공동으로 사회적 문제 해결을 모색하는 암시적(implicit) CSR 활동으로 구분한 후, 브라질을 포함 라틴아메리카 기업의 경우 전자, 즉 명백한 CSR 활동을 추구하는 경향이 있다고 주장한 바 있다. 또한, Pereira et al.(2010)은 스웨덴, 태국, 브라질 기업의 CSR 활동을 분석한 후 스웨덴 기업의 경우 환경 문제를, 태국 기업의 경우 기업의 경제적 역할을 그리고 브라질 기업의 경우 사회적 역할을 중시하는 것으로 나타났다. 이러한 연구 결과를 고려하면 브라질에서는 자발적인 '지역사회 밀착형' CSR 활동이 가장 바람직한 것으로 혹은 적어도 두드러지게 나타난다고 보아도 좋을 것이다.

이러한 맥락에서 오삼교 외(2011)는 브라질에 진출한 한국 기업 가운데 총 10개사를 대상으로 기업의 사회적 책임과 관련하여 설문조사 및 인터뷰를 시행한 바 있다. 조사 결과, 한국 기업의 경우 "인도주의에 입각한 재해 구호 및 자선활동, 종업원 봉사활동에 집중되어(p. 139)" 있는 것으로 나타났으며, "회사와 지역의 필요에 따라 적극적이고 선제적으로 대응하지만, 기업의 사업 방향이나 핵심적 경쟁력에 뿌리박은 장기적이고 체계적인 CSR 전략은 아직 자리 잡고 있지 못한(p. 140)" 것으로 나타났다.

1.3.4. 기술적 요소

1970년대 초반 하버드 경영대학원의 경제학자 Raymond Vernon과 Louis Wells는 제품수명주기이론(Product Life Cycle Theorem)을 제시하면서 제품 수명을 네 단계, 즉 1) 도입기, 2) 성장기, 3) 성숙기, 4) 쇠퇴기로 나눈 후, 개발도상국은 선진국과 비교해 구조적으로 낡은 기술이 주를 이루는 성숙 및 쇠퇴 제품에서 비교우위를 가질 수밖에 없으며 이는 결과적으로 개발도상국 내 혁신 활동에 부정적인 영향을 미칠 가능성이 크다고 주장한 바 있다. 새로운 기술이 적용된 신제품이 시장에 처음 출시되는 경우 아직 수요층이 얇은 관계로 기업 활동은 주로 국내 - 특히, 구매력이 충분한 선진국 - 에 국한되며 고가 정책이 주를 이루지만, 해당 제품이 성장 단계에 진입하면서 점차 시장 규모가 커지고 가격이 내려가기 시작하며 동시에 규모의 경제가 중시됨에 따라 기업은 신규 수요 창출을 위해 해외 시장에 눈을 돌릴 수밖에 없게 된다는 것이다. 더 나아가 해당 제품이 성숙 및 쇠퇴 단계에 진입하는 경우 제품 표준화 및 가격 경쟁이 더욱 심해지면서 생산 비용이 저렴한 개발도상국이 상대적으로 경쟁우위를 가지게 되며 결과적으로 이전과는 달리 해외 시장에서 선진국으로의 수출이 더욱 빈번하게 이루어지기 시작한다.

<표 9> 브라질, 멕시코, 한국의 지적재산권과 특허 등록 현황

		2007	2008	2009	2010	2011	2012	2013	2014	2015
브라질	특허[1]	5,393	5,521	5,420	5,735	6,359	6,603	6,848	6,712	6,554
	비거주특허	17,469	18,890	18,135	29,771	23,954	25,637	25,925	25,683	25,578
	등록상표	93,409	111,361	103,622	114,244	132,818	131,118	145,167	139,010	141,903
	산업디자인	4,415	5,218	5,236	5,412	6,261	4,957	4,947	5,147	4,384
	특허 순위[2]	18	17	18	18	18	18	15	16	15
멕시코	특허[1]	1,173	1,237	1,341	1,638	1,924	2,291	2,139	2,187	2,508
	비거주특허	15,970	15,896	13,459	13,625	12,990	14,020	14,234	14,889	16,707
	등록상표	65,963	66,743	66,496	79,444	81,137	89,464	90,747	96,552	107,851
	산업디자인	1,130	1,328	1,354	2,157	2,269	2,438	2,196	2,391	2,427
	특허 순위[2]	42	41	38	37	35	31	31	31	27
한국	특허[1]	176,336	173,496	170,233	178,654	187,747	203,836	223,527	230,553	238,045
	비거주특허	43,768	43,518	36,207	38,296	40,890	40,779	44,611	46,219	46,419
	등록상표	132,529	126,973	134,546	142,669	150,682	162,500	190,885	198,174	240,652
	산업디자인	65,082	67,690	68,903	70,100	70,845	83,618	95,730	87,482	98,016
	특허 순위[2]	4	4	4	4	4	4	4	4	4

1) 국내거주자 및 해외거주자가 신청한 특허, 다국적기업 등 비거주자 특허는 제외

2) 국내거주자 특허 기준 세계 순위

3) (출처: World Intellectual Property Organization 데이터베이스)

물론, 제품수명주기이론은 한 국가 내 기술적 요소 형성 과정을 설명할 수 있는 다양한 이론적 관점 가운데 하나일 뿐이지만, 동시에 이는 브라질 내 전반적인 기술 수준이 선진국과 비교해 낙후된 - 플렉스(flex-fuel) 차량, 심해 시추, 채굴 등 몇몇 특정 분야를 제외하고 - 원인을 잘 설명하고 있다는 점에서 눈여겨

볼 필요가 있다. 반면, 라틴아메리카 주변국과 비교했을 때 브라질의 기술 수준은 상대적으로 높은 것으로 보인다. 이는 여러 자료를 통해 확인할 수 있다. 먼저, 각국의 기술 수준을 가장 빨리 그리고 효과적으로 확인하는 방법 가운데 하나는 국가별 특허 개수를 비교하는 것인데 이는 <표 9>와 같다. 비교 대상으로 한국과 아르헨티나가 포함되었다. <표 9>에서 살펴볼 수 있는 바와 같이 브라질의 전체 특허 수(세계 15위, 2015년 기준)는 한국의 전체 특허 수(세계 4위, 2015년 기준)의 3%에도 미치지 못하지만, 멕시코와 비교해서 월등히 높은 모습을 보인다. 또한, 브라질과 멕시코 모두 비거주자 특허 수가 거주자 특허 수보다 월등히 많은 모습을 보이는데 이는 이들 국가 내 특허 신청이 외국계 기업 중심으로 이루어지고 있음을 의미한다.

더불어 브라질 기업의 혁신 활동도 그다지 인상적인 모습을 보이지 못하고 있다. Rodríguez, Dahlman & Salmi(2008)에 소개된 IPEA의 2005년 조사는 총 72,005개 조사 대상 기업 가운데 1,119개사를 '혁신적/제품차별화 기업(innovative and product-differentiating firms)'(1.7%), 15,311개사를 '일반제품 기업(standard product firms)'(21.3%) 그리고 마지막으로 55,495개사를 '저생산성 기업(lower productivity firms)'으로(77.1%) 분류한 바 있다. 이러한 연구 결과에서 알 수 있듯이 브라질 기업의 혁신 수준은 전반적으로 낮은 편이며 상당수 혁신 활동은 선제적 기술 개발이 아닌 주로 고객 및 회사 내 요구에 대한 반응 차원에서 이루어지는 편이며 대학 및 연구 기관의 영향력도 미미하며 파급 효과(spillover effects)도 낮은 편이다.

하지만 지금까지 언급된 이러한 브라질 기업의 전반적으로 낮은 기술 및 혁신 수준과는 별개로 브라질 내 모바일 인터넷 등과 같은 새로운 IT 기술 또는 신용카드 거래 등과 같은 전자금융 보급은 그 속도가 매우 빠른 편이다. 브라질 내 인터넷 사용자 수는 2016년 기준 약 1억 4천만 명으로 이는 규모 면에서 세계 4위에 해당한다. 또한, 전체 인구의 약 78%가 3G/4G 무선 인터넷을 사용하고 있으며 브라질 핸드폰 시장 규모는 이미 세계 4위 수준을 자랑하고 있다. 특히 고무적인 점은 신용카드 사용의 확산과 더불어 전자상거래 규모가 매우 빠른 속도로 증가하고 있다는 점이다. 브라질에 진출한 기업의 입장에서 이는 분명 흥미롭고 새로운 사업 기회의 원천이 될 수 있을 것이다.

1.4. 맺음말

지금까지 PEST 분석 틀에 기초하여 브라질의 경영 환경을 간략하게 살펴보았다. 본 장에 포함된 내용은 브라질 경영 환경의 일부에 불과하지만 적어도 가장 기본적이고 핵심적인 내용을 체계적으로 제공하고자 노력했다. 물론, 실제 현지에서 기업 전략을 고안하는 경우 이보다 훨씬 자세하고 방대한 정보가 필요할 것이다. 이미 서두에서 밝힌 바와 같이 브라질은 사실상 세계에서 사업하기 가장 어려운 국가 가운데 하나로 꼽힌다. 하지만 전 세계에서 브라질이 차지하는 경제적 지위 그리고 풍부한 천연자원 등을 고려하면 앞으로 브라질에 진출하는 한국 기업의 수는 장기적으로 꾸준히 증가할 것으로 예상된다.

02
브라질 국가문화의 특징 I
: 문화일반적 접근

학습내용:

- 문화일반적 관점과 문화내부적 관점 간 차이를 이해한다.
- 문화일반적 관점에서 문화 개념을 정의한다.
- 지금까지 학계에서 소개된 대표적인 5개 비교문화 연구 결과를 중심으로 브라질과 한국 간 문화 차이를 구체적으로 파악한다.

본 장과 이어지는 3장에서는 브라질 문화의 특징을 자세하게 살펴보고자 한다. 현지에서 성공적인 비즈니스 활동을 영위하기 위해서 진출국 문화에 대한 충분한 이해의 필요성은 아무리 강조해도 절대 지나치지 않을 것이다. 실제로, 비즈니스 현장에서 진출국 문화에 대한 몰이해로 말미암아 사업이 큰 손실을 보거나 심지어 철수로 이어지는 경우는 꽤 빈번하게 발생하는 편이다. 개장 초기 유로 디즈니랜드의 '눈덩이' 적자 위기 그리고 결국 파경으로 끝난 다임러-벤츠와 크라이슬러 간 합병은 이와 관련하여 가장 빈번하게 언급되는 사례 가운데 하나로 꼽힐 수 있을 것이다. 물론, 브라질에 진출한 다국적기업의 경우도 예외가 될 수 없다. <참고 7>은 브라질에 진출한 중국(한국) 기업이 현지에서 브라질 문화의 몰이해로 말미암아 경험하고 있는 경영상 어려움을 소개하고 있다.

그렇다면 문화란 과연 무엇이며 이는 어떻게 올바로 이해될 수 있을까? 지금까지 문화는 사회인류학(social anthropology) 또는 민속학(ethnology) 등과 같은 학문 분야를 중심으로 다양한 존재론적(ontological) 또는 인식론적(epistemological)

관점에서 정의된 바 있다. 하지만 문화 개념 자체의 지나치게 관념적이고 추상적인 특징으로 말미암아 학계 내 공통의 정의는 아직 존재하지 않는다. 예를 들어, Krober & Kluckhohn(1952)는 이미 1950년대 초반, 사회 인류학에서 문화 개념이 총 164개 서로 다른 방법으로 정의된 바 있음을 보고한 바 있다. 하지만 이러한 개념적 차원의 의견 충돌에도 불구하고 대다수 문화 연구자는 문화가 크게 두 가지 관점, 즉 1) 문화일반적(etic) 그리고 2) 문화내부적(emic) 관점에서 관찰, 연구될 수 있다는 점에 대체로 동의하고 있다. 기본적으로, 문화일반적 관점은 서로 다른 둘 또는 그 이상의 문화를 객관적 차원에서 서로 비교함으로써 문화를 이해할 수 있다는 태도를 보이지만, 문화내부적 접근은 현지인의 시각, '내부적' 시각에서 이들이 생각하고 느끼는 바를 관찰하고 이해함으로써 문화를 이해할 수 있다는 태도를 보인다.

참고 7 브라질 진출 중국 기업과 문화충돌

42% deixam empresas chinesas no país em 1 ano

Gestão causa choque cultural e leva executivos a pedir demissão

Taxa de rotatividade é 68% maior do que em multinacionais europeias e americanas instaladas no Brasil

---

Jornadas de trabalho longas, horas extras frequentes, teleconferências de madrugada, vigilância constante dos chefes, metas de produção irrealistas e inegociáveis. Essas são características da gestão empresarial chinesa, segundo mais de 30 trabalhadores, ex-funcionários, consultores e sindicalistas ouvidos pela Folha. Embora reflitam hábitos culturais milenares da nação asiática, vêm causando estranhamento entre os trabalhadores brasileiros. O choque cultural tem se traduzido em tempo de permanência de brasileiros em empresas chinesas muito abaixo da média do mercado. Levantamento feito pela empresa de recrutamento Michael Page a pedido da Folha indica que a taxa de rotatividade nas empresas chinesas no Brasil é de 42%. De cada 10 funcionários contratados, 4 deixam a empresa no período de 12 meses. O percentual é 40% maior que o registrado por empresas brasileiras e 68% superior ao verificado em multinacionais americanas e europeias. O levantamento foi realizado com base nos recrutamentos feitos pela Michael Page em 2010 e no primeiro trimestre deste ano. Para Marcelo de Lucca, diretor da Michael Page no Brasil, o mercado de trabalho aquecido contribui para a troca mais frequente de postos de trabalho, mas o choque cultural faz com que essa tendência seja mais acentuada em empresas chinesas. "Os chineses não abrem mão de algumas de suas características culturais". Entre elas, ele cita administração extremamente centralizadora, jornadas de trabalho longas e desconfiança. "O executivo brasileiro acaba se sentindo acuado", diz. Foi o que aconteceu com André Urbano, ex-diretor de gestão de revendas da Huawei no Brasil, que pediu demissão em janeiro de 2010, depois de pouco mais de um ano na empresa. Segundo Urbano, "é inenarrável a pressão que eles [chineses] fazem". Procurada, a Huawei não quis comentar o assunto.

MONITORAMENTO

A chamada dupla estrutura de cargos também incomodava Urbano, hoje na Diveo. Em algumas empresas chinesas (assim como coreanas), há um executivo chinês exercendo a mesma função de um brasileiro no país. São os chamados executivos "sombra" ou "espelho". Para Marcelo Ferrari, diretor da Mercer no Brasil, o lado "bom" disso é que esse profissional chinês faz a ligação entre a matriz e a sede. Mas, para especialistas, também é sinal de desconfiança. "O executivo brasileiro gosta de autonomia e independência. Isso acaba levando a um choque com o modelo centralizador chinês", diz Jacques Sarfatti, presidente da empresa de recrutamento Russell Reynolds no Brasil. Patrícia Franzini, ex-diretora-executiva de RH da chinesa Lenovo para América Latina, conta que os executivos brasileiros em empresas chinesas chegam a ter de submeter relatórios diários de atualização de projetos.

PRESSÃO

Uma reclamação comum entre funcionários é a pressão excessiva por resultados. "Eles estabelecem metas impossíveis de serem atingidas e não há negociação", afirmou um executivo de uma empresa chinesa que não quis ser identificado. Em meio à forte pressão por resultados, diz ele, o fuso horário de 11 horas entre Brasil e China vira um inimigo. "Com frequência, sou acordado no meio da noite para teleconferências." Patrícia ressalta que os chineses dão menos valor à família do que os brasileiros. "Para os chineses, primeiro vem o Estado, depois a empresa, depois a família. Isso causa certo estranhamento. Eles têm dificuldade, por exemplo, em aceitar os feriados daqui."

(출처: Folha de S.Paulo Mercade, 2011년 5월 8일 기사)

예를 들어, 한국 문화의 고유한 특성 또는 '실체'를 올바로 파악하기 위해서는 이를 어떻게 관찰, 분석하는 것이 바람직할까? 문화일반적 접근법을 따르면 이는 오직 한국 문화를 다른 나라의 문화와 비교함으로써 파악될 수 있다. 다시 말해, 문화 - 특히, 국가문화 - 는 일반적으로 가족 또는 더 나아가 학교, 교회, 직장 또는 또래 집단 내 다양한 사회적 관계 속에서 반복된 학습을 통해 이를 공유하는 구성원 간 '당연히 바람직한' 것으로 각인되며, 따라서 이를 올바로 이해하기 위해서는 이를 '내부적' 관점에서 바라보는 것이 아닌, 오히려 자신이 속한 문화로부터 어느 정도 거리를 두고 이를 다른 문화와 객관적 차원에서 비교·분석하는 것이 무엇보다도 중요하다는 것이다. 예를 들어, 소위 공동체주의 또는 '냄비근성' 등과 같은 한국 문화의 대표적인 특성은 기본적으로 상대적인 개념으로 볼 수 있으며, 이는 암묵적으로 다른 국가문화와의 비교를 전제로 한다(만약 한국을 제외한 모든 다른 국가문화가 한국보다 훨씬 공동체주의적 가치를 중시하고 있다면 이는 한국 문화의 고유한 특성이 될 수 없을 것이다). 이는 해외에 나가면 그 전에는 잘 보이지 않던 한국 문화의 장단점이 눈에 들어오기 시작하는 것과 비슷한 이치다. 결과적으로, 문화일반적 관점에서 문화는 보통 '대다수 집단 구성원이 공통으로 공유하는 가치 체계(value systems)'로 정의된다. 여기서 가치 체계란 장기간의 학습을 통해 집단 구성원이 거의 무의식적 차원에서 당연히 올바른 것으로 여기는 믿음, 인식, 생각, 또는 감정 등을 지칭하며, 이는 집단 내 공통으로 공유되는 가치관을 형성하는 것은 물론, 더 나아가 개별 구성원의 행동을 암묵적으로 통제한다(예. Schein, 1986).

반면, 문화내부적 접근법을 따르면 혹자는 한국에 오랫동안 거주하면서 일상생활에서 나타나는 한국인의 사고방식과 그들의 행동 양식을 직접관찰 또는 심층 면접 등의 방법을 통해 최대한 그들의 관점에서 있는 그대로 파악함으로써 한국 문화를 올바로 이해할 수 있다. 특히, 문화를 우리 머릿속에 '각인된' 가치체계가 아닌 일종의 상징체계로 정의하는 경우 이러한 문화내부적 접근법의 필요성이 특히 강조된다. 예를 들어, 2002년 월드컵 또는 2016년 탄핵 촛불집회 등은 분명 한국 문화의 기저를 파악하는데 매우 좋은 재료가 될 수 있지만, 이는 문화일반적 접근법으로 분석될 수 있는 성질의 것이 아님은 매우 당연하다 할 수 있을 것이다. 한국 문화의 핵심 가운데 하나로 종종 지목되는 '정' 개념도 비슷한 맥락에서 이해할 수 있다. 즉, 정은 공동체주의 또는 집단주의 등과 같은 개념과 달리 광범위하면서 동시에 세밀한 특성이 있으며, 동시에 감정적인 측면이 특히 두드러진다는 점에서 이에 대한 올바른 이해는 다른 문화와의 객관적 비교보다 한국인의 사고 및 행동에 대한 깊은 이해를 통해 얻어질 수 있다는 것이다.

문화에 대한 이들 두 가지 접근법은 일견 서로 배타적인 성격의 것으로 보이지만 오히려 상호보완적인 성격의 것으로 보는 것이 타당할 것이다. 따라서 본 장과 이어지는 3장에서는 브라질 문화를 이들 두 가지 관점, 즉 문화일반적 그리고 문화내부적 관점에서 자세하게 살펴보고자 한다. 여기서 논의되는 브라질 문화의 기본적인 특징은 이후 리더십, 동기부여 등 각종 조직관리 관련 변수를 다루는 과정에서 반복적으로 언급될 것이다.

2.1. 문화일반적 접근: 5개 대표 비교문화 연구

이어지는 글에서는 선행 비교문화 연구 가운데 특히 규모가 큰 5개 대표 비교문화 연구를 살펴봄으로써 브라질 문화의 특징을 문화일반적 차원에서, 특히 한국 문화와 비교를 통해, 구체적으로 파악하고자 한다. 이들 비교 문화 연구는 모두 개념적 차원에서 Kluckhohn & Strodtbeck(1961)의 가치정향이론(values orientation theory)의 영향을 강하게 받았다. 가치정향이론은 모든 사회가 필연적으로 직면할 수밖에 없는 다섯 가지 보편적 문제, 또는 딜레마를 제시하면서, 서로 다른 문화를 가진 사회는 근본적인 가치정향의 차이로 말미암아 이들 문제와 관련하여 서로 다른 해결책을 선호하는 경향을 보인다고 주장했다. 예를 들어, 어느 사회를 막론하고 어떤 사람은 태어나면서부터 심각한 신체적, 또는 정신적 장애를 가지고 태어나지만, 어떤 사람은 월등히 높은 지능, 또는 운동 신경을 가지고 태어난다. 모든 사회는 이러한 불평등 문제를 예외 없이 필연적으로 경험할 수밖에 없다. 하지만 각각의 사회가 이러한 문제를 해결하는 방법은 이들 사회 내 문화적 특성에 따라 서로 크게 다를 수 있다. 예를 들어, 어떤 사회는 불평등 문제를 어쩔 수 없는 것으로 치부, 있는 그대로 받아들이지만, 어떤 사회는 이를 해결하기 위해 사회적 차원에서 적극적인 노력을 기울일 수 있다. 마찬가지로, 어떤 사회도 미래를 정확하게 예측하는 것은 불가능하며, 이는 사회 내 불안감의 원천으로 작용한다. 하지만 이러한 불안감의 정도는 개별 사회가 미래 불확실성에 대해 어떠한 태도를 가지는지에 따라 크게 달라질 수 있다. 어떤 사회는 이를 '주어진 것'으로 받아들이는 반면, 어떤 사회는 다양한 방법을 통해 불확실성을 최대한 줄이고자 노력할 수 있다. 이러한 차이는 개별 사회 구성원의 사고 및 행동은 물론 집단, 조직 및 더 나아가 전체 사회 구조에 결정적인 영향을 미칠 수 있다. 가치정향이론을 따르면 이러한 해결 방법의 차이는 각각의 사회가 서로 다른 문화적 가치를 바람직한 것으로 간주, 지향하기 때문이다. 앞으로 소개될 5개 대표 비교문화 연구도 이와 비슷한 맥락에서 여러 국가가 이러한 보편적 문제 또는 딜레마를 각각 어떻게 해결하는지 설문조사를 통해 측정, 비교함으로써 국가 간 문화적 차이를 객관적으로 측정했다.

2.1.1. Geert Hofstede의 국가문화비교 연구

Geert Hofstede는 1980년대 설문조사를 통해 전 세계 각국 IBM 자사에 근무하는 종업원의 보편적 직무 가치(work-related values)를 측정함으로써 총 66개국의 국가문화를 체계적으로 비교한 바 있다(Hofstede, 1980; Hofstede & Bond, 1988; Hofstede et al., 2010). 개별 종업원이 가지고 있는 직무 가치는 궁극적으로 이들이 속한 문화권에서 일반적으로 통용되는 가치체계 - 또는 Hofstede의 용어를 따르면 '문화적 차원(cultural dimensions)' - 의 영향을 받아 형성될 가능성이 크다는 점에서 문화 연구의 좋은 재료가 될 수 있을 것이다(물론, 이와 관련하여 비판도 함께 존재한다). 초기 설문조사는 4가지 문화적 차원을 중심으로 이루어졌으나 후속 연구에서 문화적 차원의 수는 6개로 늘어났으며 <표 10>은 이들 6가지 문화적 차원에 대한 설명 그리고 한국과 브라질 설문조사 결과를 소개하고 있다. 설문조사 결과를 따르면 브라질 문화는 한국 문화보다 상대적으로 1) 개인주의적, 2) 규범적(과거지향적), 그리고 3) 관용적인 것으로 나타났다. 한국의 경우 극단적인 실용적(미래지향적) 모습을 보인다는 점이(100점) 특히 주목할 만하다.

혹자는 Geert Hofstede의 연구가 80년도에 시행되었다는 점에 주목하면서,

<표 10> 한국과 브라질 간 국가문화 비교: Geert Hofstede의 연구 결과

	설명	한국	브라질
권력거리 (power distance)	조직, 또는 단체(예. 가족)에서 낮은 권력을 가진 구성원이 불평등한 권력 분배를 수용하고 기대하는 정도를 의미한다. 권력거리가 큰 사회는 계급에 따른 위계질서를, 그리고 권력거리가 낮은 사회는 공평한 권력의 분배를 중시한다.	60	69
개인주의/집단주의 (individualism/collectivism)	개인이 단체에 통합되는 정도를 의미한다. 개인주의 사회에서 개인은 자기 자신, 그리고 직계 가족만을 돌본다. 반면 집단주의 사회에서 개인은 자신이 속한 집단에 조건 없는 충성을 보임으로써 집단의 보호를 받는다.	18	38
불확실성 회피 (uncertainty avoidance)	사회가 불확실성, 그리고 모호함을 용인하는 수준을 의미한다. 불확실성 회피 수준이 높은 사회는 비정통적 행동, 또는 생각을 용납하지 않는다. 반면, 불확실성 회피 수준이 낮은 사회는 원칙보다 실천을 중시하는 경향을 보인다.	85	76
남성성/여성성 (masculinity/femininity)	남성성은 사회가 성취, 영웅주의, 단호함, 물질적 보상 등을, 그리고 여성성은 사회가 협력, 겸손함, 약자에 대한 보살핌, 삶의 질 등을 중시하는 정도를 의미한다. 남성성이 강한 사회는 경쟁, 여성성이 강한 사회는 합의를 중시한다.	39	49
실용적/규범적 (pragmatic/normative)	규범적 사회에서 사람들은 절대적 '진리'를 추구하며 개인적 안정을 도모한다. 규범적 사회는 사회적 관례 및 전통을 중시하며, 미래를 위한 저축을 선호하지 않으며, 빠른 결과를 추구한다(short-term orientation). 반면, 실용적 사회에서 사람들은 인생의 복잡성을 인정하며, 따라서 절대적 '진리'가 아닌 고결한 삶을 사는 것을 추구한다. 실용적 사회는 삶의 모순을 인정하고, 저축, 투자, 절약, 그리고 미래의 바람직한 결과를 위한 인내 등을 중시한다(long-term orientation).	100	44
관용/통제 (indulgence/restraint)	관용적 사회는 인간의 기본적인 욕구 충족을 통해 만족을 느끼고, 인생을 즐기며, 재미를 추구하는 것을 중시한다. 반면, 통제적 사회는 욕구 충족을 억압하며 이를 사회적 규범 등의 수단을 통해 규제한다.	29	59

참고: Hofstede의 문화적 차원은 0점에서 100점까지의 점수를 가진다. 개인주의/집단주의에서 낮은 점수는 더욱 강한 집단주의를, 실용적/규범적 차원에서 낮은 점수는 더욱 강한 규범적 가치를, 관용/통제 차원에서 낮은 점수는 더욱 강한 통제 가치를 의미한다. (출처: Hofstede et al., 2010)

약 30년 넘게 지난 현재 시점에서 해당 연구 결과가 올바르지 않을 가능성이 크다고 비판한 바 있다. 하지만 Geert Hofstede의 문화적 차원을 사용한 최근 한국과 브라질 연구 결과를 살펴보면- 몇몇 예외적인 경우를 제외하고 - 두 국가의 기본적인 문화적 성향은 크게 달라지지 않은 것으로 보인다. 예를 들어, Barros(2003)의 연구 결과를 따르면 브라질의 권력거리, 개인주의/집단주의, 불확실성 회피, 남성성/여성성, 그리고 장기/단기 지향성 지수 측정치는 각각 75, 41, 36, 55, 63점으로 나타났다. 불확실성 회피 지수를 제외하고 다른 모든 지수의 측정치가 Hofstede의 연구 결과와 비슷하게 나타난 점은 매우 흥미롭다. 한국 연구 결과도 이와 비슷한 모습을 보인다(예. 김서균, 2003).

2.1.2. Fons Trompenaars의 국가문화비교 연구

Geert Hofstede의 연구와 비슷한 맥락에서 Fons Trompenaars는 Parsons & Shils(1951)가 고안한 모든 사회가 필연적으로 직면할 수밖에 없는 보편적 딜레마를 바탕으로 총 7개의 서로 다른 문화적 차원을 구성, 약 100여 개 국가문화를 측정한 바 있다. <표 11>은 해당 연구 결과를 요약, 소개한다. Fons Trompenaars가 측정한 몇몇 문화적 차원은 Geert Hofstede의 문화적 차원과 개념적으로 거의 같다는 점에서 이들 연구 결과는 상당 부분 서로 직접 비교될 수 있다.

<표 11> 한국과 브라질 간 국가문화 비교: Fons Trompenaars의 연구 결과

	설명	한국	브라질
보편주의/개별주의 (universalism/ particularism)	보편주의 사회는 법, 규정, 가치, 의무 등을 중시하며, 이를 바탕으로 모든 사람을 공평하게 다룬다. 반면, 개별주의 사회는 자신과 특별한 관계에 놓인 사람과의 관계를 규칙/규범보다 더욱 중시한다.	매우 강한 개별주의	중간 수준
개인주의/ 공동체주의 (individualism/ communitarianism)	개인주의 사회는 개인적 자유와 성취를 중시하며, 공동체주의 사회는 집단을 개인보다 우선시한다. (이는 Hofstede의 개인주의/집단주의와 유사하다.)	중간 수준	다소 강한 공동체주의
감정주의/중립주의 (affective/neutral)	감정주의 문화는 감정을 노출하는 것을 당연한 것으로 - 심지어, 바람직한 것으로 - 받아들인다. 반면, 중립주의 문화는 감정보다 이성을 더욱 중시하며, 감정을 드러내는 것을 바람직하지 않은 것으로 여긴다. (이는 Hofstede의 관용/통제 차원과 유사하다.)	자료 없음	중간 수준

	설명	한국	브라질
한정주의/분산주의 (specific/diffuse)	한정주의 문화는 개인적 삶과 공적인 삶을 뚜렷하게 구분한다. 따라서 업무 수행에 있어 개인적 관계는 별로 중요하지 않다. 반면, 분산주의 문화는 이들 두 가지 삶 간 구분이 뚜렷하지 않다. 따라서 성공적인 업무 수행에 있어 좋은 관계를 형성하는 것은 매우 중요한 것으로 여겨진다.	다소 강한 분산주의	중간 수준
귀속주의/성취주의 (ascription/ achievement)	귀속주의 문화는 개인이 가진 권력, 또는 직위 등을 중심으로 이들의 사회적 가치를 평가한다. 반면, 성취주의 문화는 개인이 수행하는 업무 내용 자체를 중심으로 이들의 사회적 가치를 평가한다. 성취주의 문화는 개인의 노력, 또는 업적 등을 상대적으로 더욱 중요시한다. (이는 Hofstede의 권력거리와 유사하다.)	한국/브라질 모두 다소 강한 귀속주의	
순차적 지향주의/ 동시적 지향주의 (sequential/ synchronic)	순차적 지향주의 문화는 시간을 순차적인 것으로 간주하며, 따라서 시간 엄수, 철저한 계획 수립 등을 중시한다. 반면, 동시적 지향주의 문화는 과거, 현재, 미래를 서로 긴밀하게 묶여있는 것으로 간주하며, 따라서 약속, 또는 계획 등을 유연한 관점에서 바라본다. 참고로, Trompenaars는 본 차원을 측정하는 과정에서 Hofstede의 실용적/규범적 차원과 개념적으로 매우 유사한 장기/단기 지향주의(long- versus short-termism) 정도도 함께 측정했다. 본 연구는 이들 측정 결과를 모두 소개한다.	매우 강한 동시적 (장기) 지향 주의	매우 강한 순차적 (단기) 지향 주의
내부적 통제주의/ 외부적 통제주의 (internal/ external control)	내부적 통제주의 문화는 목표를 달성하기 위해 자연 및 환경을 통제하는 것을 당연한 것으로 간주한다(internal locus of control). 반면, 외부적 통제주의 문화는 자연, 또는 환경을 어쩔 수 없는 것으로 받아들인다(external locus of control). 따라서 사람들은 업무, 또는 관계 형성 과정에서 다른 사람의 행동에 주목하며, 갈등을 가능한 한 회피하고자 노력한다.	한국/브라질 모두 다소 강한 내부적 통제주의	

참고: 감정주의/중립주의 차원의 경우, 한국의 측정치는 존재하지 않는다.
참고로, 중국과 일본은 매우 강한 중립주의 성향을 보인다.
(출처: Trompenaars & Hampden-Turner, 1997)

Fons Trompenaars의 연구 결과는 특히 개인주의/공동체주의 차원에서 Geert Hofstede의 연구 결과와 다소 다른 모습을 보인다. 후자의 결과를 따르면 브라질은 한국보다 다소 개인주의적 성향을 보이는 것으로 나타났다. 하지만 전자의 결과는 반대의 모습을 보인다. 반면, 나머지 비교 가능한 문화적 차원은 두 연구가 서로 비슷한 결과를 보인다. 예를 들어, 권력거리 개념은 귀속주의/성취주의와 개념적으로 비슷하며, 실제 연구 결과도 한국과 브라질 간 별다른 차이가 없는 것으로 나타났다. Fons Trompenaars의 연구 결과를 간단하게 정리하면, 브라질 문화는 한국 문화보다 상대적으로 1) 다소 보편주의적, 2) 다소 한정주의적, 그리고 마지막으로 3) 훨씬 강한 순차적 지향주의 특성을 보이는 것으로 나타났다.

2.1.3. Project GLOBE 연구

미국 펜실베이니아 대학 Robert J. House 교수의 주도로 시작된 Project GLOBE(Global Leadership and Organizational Behavior Effectiveness) 연구는 총 62개국 약 150명의 연구자가 참여, Geert Hofstede의 문화적 차원을 확장, 개선한 총 9개의 문화적 차원으로 총 62개 국가문화를 비교, 분석한 바 있다. 하지만 Geert Hofstede 및 Fons Trompenaars의 연구와 달리 Project Globe는 각각의 문화 차원을 '실제(practice; as is)', 즉 현재 사회 내 일반적으로 통용되고 있는 문화적 가치, 그리고 '지향(values; should be)', 즉 바람직한 것으로 여겨지는 문화적 가치로 나누어 측정했다. 해당 연구 결과를 정리하면 <표 12>와 같다.

<표 12> 한국과 브라질 간 국가문화 비교: Project GLOBE 연구 결과

	설명	62개국 평균		한국		브라질	
		실제	지향	실제	지향	실제	지향
성과지향주의 (performance orientation)	사회가 혁신, 높은 기준, 뛰어남, 그리고 성과 개선 등을 강조하는 정도를 의미한다. 이는 Hofstede & Bond(1988)의 '유교적 역동주의(confucian dynamics)'와 개념적으로 유사하다.	4.10	5.94	4.53	5.41	4.11	5.98
불확실성 회피 (uncertainty avoidance)	Hofstede의 불확실성 회피와 같다.	4.16	4.62	3.52	4.74	3.74	5
내집단 집단주의 (in-group collectivism)	개인이 집단 - 예를 들어, 조직, 또는 가족 - 내에서 긍지, 충성, 응집력 등을 표현하는 정도를 의미한다. 내집단 집단주의가 높은 사회는 의무, 또는 책임 등을 중시하며, 내, 외집단을 뚜렷이 구분하며, 집단과의 관계를 강조하는 특성을 가진다. 반면, 내집단 집단주의가 낮은 사회는 개인적 욕구를 중시하며, 내, 외집단 구분이 불명확하며, 이성을 강조하는 특성을 가진다.	5.13	5.66	5.71	5.5	5.16	5.17

	설명	62개국 평균		한국		브라질	
		실제	지향	실제	지향	실제	지향
권력거리 (power distance)	Hofstede의 권력거리와 같다.	5.17	2.75	5.69	2.39	5.24	2.59
남녀평등주의 (gender egalitarianism)	사회가 전반적인 성 불평등 수준을 줄이고자 노력하는 정도를 의미한다.	3.37	4.51	2.45	4.23	3.44	4.91
인간지향주의 (humane orientation)	사회가 공평하며, 이타적이고, 다정하며, 관대하고, 남을 돌보며, 또한 친절한 행동을 격려하는 정도를 의미한다.	4.09	5.42	3.73	5.61	3.76	5.52
사회제도적 집단주의 (institutional collectivism)	사회 내 제도적 규범, 또는 관습이 자원의 집단적 분배, 또는 집단적 행동을 격려, 보상하는 정도를 의미한다. 높은 사회 제도적 집단주의 사회에서 개인은 조직과 긴밀하게 연결되어 있으며, 집단 충성심을 강조하고, 공동 이익의 최대화를 지향한다. 반면, 낮은 사회 제도적 집단주의 사회에서 개인과 조직은 서로 독립적인 것으로 여겨지며, 개인의 이익이 집단 충성심보다 우선시된다.	4.25	4.73	5.2	3.84	3.94	5.57
미래지향주의 (future orientation)	이는 Hofstede의 실용적/규범적 차원과 개념적으로 유사하다.	3.85	5.49	3.9	5.83	3.9	5.6
단호함 (assertiveness)	이는 Hofstede의 '남성성'과 개념적으로 유사하다.	4.14	3.82	4.36	3.69	4.25	3.06

참고) 모든 문화적 차원은 7점 척도로 측정되었으며, 점수가 높을수록 해당 문화적 특성이 두드러짐을 의미한다.

(출처: House et al., 2004)

Project GLOBE는 Geert Hofstede의 개인주의/집단주의와 남성성/여성성 차원을 각각 두 개의 서로 다른 문화적 차원, 즉 전자의 경우 1) 내집단 집단주의와 2) 사회제도적 집단주의 그리고 후자의 경우 1) 남녀평등주의와 2) 단호함 차원으로 세분화하여 측정했다. 참고로, Geert Hofstede는 Project GLOBE의 성과지향주의 그리고 인간지향주의 차원이 자신이 제시한 남성성/여성성 차원에 포함될 수 있다고 주장한바 있다(Hofstede 1980, 2001).

Project GLOBE 연구 결과를 정리하면 다음과 같다. 첫째로, 한국과 브라질 간 실제, 그리고 지향 점수 차이를 살펴보면 그 방향성은 - 세계 평균과 마찬가지로 - 대부분 서로 비슷하지만, 사회제도적 집단주의 차원에서 유일하게 매우 뚜렷한 차이점을 발견할 수 있다. 사회제도적 집단주의 차원의 경우 한국의 실제 점수는 매우 높지만, 지향 점수는 훨씬 낮다. 반면, 브라질의 실제 점수는 매우 낮지만, 지향 점수는 훨씬 높다. 이는 브라질인의 경우 자신이 속한 조직 또는 사회에 대한 소속감 - 예를 들어, 애사심 또는 애국심 등 - 이 상대적으로 한국인보다 훨씬 낮을 가능성이 크다는 점을 강력하게 시사한다. 반면, 한국의 경우, 62개국 평균 점수와 방향성에서 정반대의 모습을 보인다는 점이 흥미롭다. 둘째로, 남녀평등주의 차원에서 한국과 브라질 간 상당한 차이를 살펴볼 수 있다. 한국은 브라질보다 남녀평등주의의 실제, 그리고 지향 점수 모두 상대적으로 낮은 것으로 나타났다. 셋째로, Geert Hofstede와 Fons Trompenaars 연구결과에서 한국은 과거, 또는 현재보다 미래를 상대적으로 훨씬 중시하는 장기(미래) 지향적 문화를, 그리고 브라질은 반대로 단기(과거) 지향적 문화를 가진 것으로 나타났으나, Project GLOBE 연구에서 한국과 브라질의 미래지향주의 점수는 큰 차이가 나타나지 않았다.

2.1.4. Shalom H. Schwartz의 문화적 가치

예루살렘 히브리 대학의 Shalom H. Schwartz 교수는 1988년부터 2000년까지 전 세계 각국 약 75,000명 - 주로, 학교 교사, 또는 대학생 등 - 을 대상으로 광범위한 가치 설문조사(Schwartz Values Survey, SVS)를 시행, 총 60여 개 국가의 문화적 가치를 측정, 비교한 바 있다. 이후 Schwartz는 2002년부터 2003년까지 기존 단점을 보완한 새로운 설문조사(PVQ, Portrait Values Questionnaire)를 시행, 20여 개 국가문화를 추가로 측정, 비교한 바 있다.

설문 문항은 모든 인간 행동의 가장 궁극적인 원인으로 작용할 수 있는 총 56가지 서로 다른 가치 항목(value items) - 예를 들어, 사회적 정의(social justice), 겸손(modest), 창의성(creativity), 사회적 질서(social order), 쾌락(pleasure), 야망(ambition) 등 - 의 중요도를 묻는 방식으로 구성되었다. 분석 결과, 이들 56가지 가치 항목 가운데 10개를 제외한 총 46개가 모든 국가에서 같은 의미로 해석되는 것으로 나타났으며, 이들 46가지 가치 항목은 이후 통계 처리 과정을 통해 7개의 문화적 가치 성향(cultural value orientation)으로 축소되었다(Schwartz, 2006). 이들 문화적 가치 성향은 다음과 같다:

1) 지적 자율성(intellectual autonomy): 개인이 자신의 아이디어, 또는 지적 방향성을 스스로 독립적으로 추구하는 것을 바람직한 것으로 간주하는 문화적 가치. 호기심(curiosity), 창의성(creativity), 포용력(broadmindedness) 등을 강조.
2) 정서적 자율성(affective autonomy): 개인이 스스로를 위해 정서적으로 긍정적인 경험을 추구하는 것을 바람직한 것으로 간주하는 문화적 가치. 쾌락(pleasure), 흥미 있는 인생(exciting life), 다채로운 인생(varied life) 등을 강조.
3) 배태성, 또는 사회적 관계(embeddedness): Hofstede의 집단주의 개념과 비슷한 문화적 가치. 사회적 질서(social order), 전통에 대한 존경(respect for tradition), 안전(security), 복종(obedience), 지혜(wisdom) 등을 강조.
4) 평등주의(egalitarianism): 개개인을 같은 관심을 가진 동등한 존재로 간주하며, 따라서 협력, 또는 복지 등을 강조하는 문화적 가치. Hofstede의 낮은 권력거리와 개념적으로 비슷하다. 평등(equality), 사회적 정의(social justice), 책임(responsibility), 도움(help), 정직(honesty) 등을 강조.
5) 계급주의(hierarchy): 계층적 체계를 통해 주어진 지위 및 소임을 중요시하는 문화적 가치. Hofstede의 높은 권력거리와 개념적으로 비슷하다. 사회적 권력(social power), 권위(authority), 겸손함(humility), 부(wealth) 등을 강조.
6) 화합(harmony): 자연, 또는 사회적 환경 등을 있는 그대로 받아들이며, 이를 변화, 개척하는 것보다 이해, 인정하는 것이 더욱 중요하다고 간주하는 문화적 가치. 세계 평화(world at peace), 자연과의 화합(unity with nature), 환경보호(protecting the environment) 등을 강조.
7) 지배(mastery): 집단, 또는 개인의 목적을 위해 자연, 또는 사회적 환경을 지배하는 것이 바람직하다고 간주하는 문화적 가치. 야망(ambition), 성공(success), 대담함(daring), 능력(competence) 등을 강조.

이후 Shalom H. Schwartz는 이들 7가지 가치 성향을 총 3개의 문화적 차원으로 정리했다. 첫 번째 문화적 차원은 개인과 집단 간 관계의 성격을 규정하며, 이는 1) 지적 자율성, 2) 정서적 자율성 대 3) 배태성(사회적 관계)의 차원으로 구성된다. 두 번째 문화적 차원은 사회가 유지되는 방법을 규정하며, 이는 4) 평등주의 대 5) 계급주의의 차원으로 구성된다. 마지막으로, 세 번째 문화적 차원은 개인과 자연, 또는 사회적 환경 간 관계의 성격을 규정하며, 이는 6) 화합 대 7) 지배의 차원으로 구성된다.

Geert Hofstede, 또는 Fons Trompenaars 등과 달리 Shalom H. Schwartz는 이들 7가지 문화적 가치 성향을 서로 독립적인 것으로 간주하지 않았다. 따라서 Shalom H. Schwartz의 연구는 개별 국가의 문화를 점수로 소개하는 대신, 'co-plot' multi-dimensional scaling 분석 기법을 통해 이들 국가 간 문화적 거리를 2차원 평면에 나타냈으며, 이러한 분석 과정에서 약 60여 개 국가의 문화적 가치를 7개의 초국가적 문화권 - 즉, 1) 서유럽, 2) 영어권, 3) 남미, 4) 동유럽, 5) 남아시아, 6) 유교주의, 7) 아프리카 및 중동 - 으로 나누어 구분했다. 한국과 브라질은 각각 3) 남미, 그리고 6) 유교주의 문화권에 속하며, 이들 문화권을 더욱 자세하게 소개하면 다음과 같다:

1) 유교주의 문화권: 유교주의 문화권은 실용적이며 기업가 정신이 강한 특성을 가짐과 동시에, 계급주의와 지배를 강조하고, 평등주의와 화합을 부정한다. 또한, 서유럽 문화권보다 상대적으로 배태성이 중시된다. 해당 문화권 내 문화 편차는 일본을 제외하고 작은 편이다.
2) 남미 문화권: 남미 문화권은 모든 7가지 문화적 가치와 관련하여 중립적인 성향을 보인다. 또한, 볼리비아와 페루를 제외하고 해당 문화권 내 편차가 작은 편이다. Hofstede의 연구 결과와 마찬가지로 서유럽 문화권보다 강한, 하지만 유교, 아프리카 및 중동 문화권보다 상대적으로 낮은 집단주의 성향을 보인다.

Shalom H. Schwartz가 제시한 7가지 문화적 차원은 총 56가지 기본 가치 항목에서 체계적으로 추출된 결과물이라는 점에서 일반적으로 다른 문화비교 연구보다 '튼튼한' 이론적 바탕을 가지고 있는 것으로 평가받고 있다. 브라질과 한국 문화 간 차이점과 관련하여 연구 결과를 살펴보면 한국은 브라질보다 상대적으로 더욱 계급주의 및 배태성을 중시하는, 즉 높은 집단주의 성향을 보이는 것으로 나타났다. 이는 Geert Hofstede 또는 Project GLOBE의 연구 결과를 지지하는 또 다른 증거가 될 수 있을 것이다. 한국과 브라질의 문화적 차이를 보다 자세하게 소개하면 다음과 같다.

<표 13> 한국과 브라질 간 국가문화 비교: Shalom H. Schwartz의 연구 결과

문화적 차원		한국	브라질	평균 (세계)	표준편차 (세계)
배태성 대 자율성 (embeddedbess vs. autonomy)	지적 자율성 (intellectual autonomy)	낮음(4.22)	높음(4.27)	4.245	0.0353
	정서적 자율성 (affective autonomy)	낮음(3.46)	높음(3.52)	3.49	0.0424
	배태성 (embeddedness)	비슷(3.68)	비슷(3.62)	3.65	0.0424
계급주의 대 평등주의 (hierarchy vs. egalitarianism)	평등주의 (egalitarianism)	낮음(4.42)	높음(4.89)	4.655	0.3323
	계급주의(hierarchy)	높음(2.9)	낮음(2.37)	2.635	0.3747
지배 대 화합 (mastery vs. harmony)	화합(harmony)	낮음(3.57)	높음(4.03)	3.8	0.3252
	지배(mastery)	높음(4.21)	낮음(3.93)	4.07	0.1980

참고) 본 표에 기술된 "낮음", 또는 "높음"은 한국과 브라질 간 절대적 차이가 아닌 전 세계 평균을 기준으로 각국 점수의 상대적인 차이를 의미한다.

(출처: Schwartz, 2006)

2.1.5. World Value Survey

세계 가치관 조사(World Value Survey, WVS)는 유럽 가치관 연구(European Values Study, EVS)를 모태로 하여 점차 그 규모를 확장, 1981년부터 지금까지 약 100여 개 국가 내 삶의 행태와 가치관 등을 총 6번에 걸쳐 측정한 바 있다(Welzel et al., 2002; Inglehart & Baker, 2000). 한국은 1~6차 조사에 모두 참여했지만, 브라질은 2차, 그리고 5차 조사에만 참여했다. 설문 문항은 크게 10가지 분야, 즉 1) 종교(religion), 2) 성 역할(gender roles), 3) 직무 동기(work motivations), 4) 민주주의(democracy), 5) 통치체계(good governance), 6) 사회적 자본(social capital), 7) 정치 참여(political participation), 8) 다른 집단에 대한 관용(tolerance for other groups), 9) 환경 보호(environmental protection), 10) 주관적으로 느끼는 행복감(subjective well-being) 등으로 나누어진다. 미국 미시간 대학의 Ronald Inglehart 교수와 독일 뤼네부르크 대학의 Christian Welzel 교수는 WVS 전체 설문 결과를 총 2가지

문화적 차원으로 '압축'한 후 이를 각각 -2점부터 +2점까지 점수로 측정, 각국의 문화적 차원 점수를 2차원 공간에 산포도 형식으로 표현한 바 있다(the WVS cultural map). 이들 문화적 차원에 대한 자세한 설명은 다음과 같다:

1) 전통적 가치/세속적-합리적 가치(traditional values versus secular-rational values): 전통적 가치를 중시하는 사회는 종교, 부모와 자식 간 관계, 권위에의 복종, 전통적인 가족의 가치 등을 강조하는 반면, 이혼, 낙태, 안락사, 자살 등을 부정적인 것으로 간주, 거부한다. 전통적 가치를 중시하는 사회에 속한 사람들은 일반적으로 높은 국민적 자부심, 그리고 국가주의적 관점을 가진다. 반면, 세속적-합리적 가치를 중시하는 사회는 종교, 전통적인 가족의 가치, 권위, 이혼, 낙태, 안락사, 자살 등을 상대적으로 허용 가능한 것으로 인정하는 경향을 보인다. 산업화 수준이 점차 높아지면서 모든 사회는 - 거의 예외 없이 - 전통적 가치의 중요성이 감소하고 세속적-합리적 가치가 더욱 중시되는 변화를 겪게 된다.
2) 생존 가치/자기 표현성 가치(survival values versus self-expression values): 생존 가치를 중시하는 사회는 물리적 안전(security)을 강조하며, 상대적으로 강한 자기 민족 중심적(ethnocentric) 경향을 보이며, 또한 사회 내 전반적인 신용 및 관용 수준이 낮은 편이다. 반면, 자기 표현성을 중시하는 사회는 전반적인 삶의 질, 개인의 자유, 주관적인 행복(well-being), 환경 보호 등을 중시하며, 외국인, 동성애자, 양성평등 등과 같은 문제에 상대적으로 관대한 태도를 보인다. 자기 표현성 가치를 중시하는 사회에 속한 사람들은 경제, 또는 정치 관련 의사결정 시 높은 수준의 참여를 요구한다. 일반적으로, 사회가 산업화 단계를 넘어 지식 기반 사회로 이동하면서 생존 가치보다 자기 표현성 가치가 점차 중시될 가능성이 크다. 또한, Ingelhart & Oyserman(2004)는 자기 표현성 가치가 민주주의 발전 정도와 매우 밀접한 상관관계를 가진다는 사실을 밝힌 바 있다.

1차부터 6차 WVS에 걸쳐 한국과 브라질 간 문화 점수 차이는 전반적으로 커다란 변화를 보이지 않는다. 한국은 전통적 가치 대 세속적-합리적 가치 차원에서 브라질보다 월등히 높은 점수를, 그리고 생존 가치 대 자기 표현성 가치에서 브라질보다 약간 낮은 - 또는, 거의 비슷한 - 점수를 보였다. 전통적 가치 대 세속적-합리적 가치 차원에서 높은 점수는 세속적-합리적 가치 성향, 그리고 낮은 점수는 전통적 가치 성향이 강하다는 것을 의미하며, 생존 가치 대 자기 표현성 가치 차원에서 높은 점수는 자기 표현성 가치 성향, 그리고 낮은 점수는 생존 가치 성향이 강하다는 것을 의미한다.

2.2. 5개 대표 비교문화 연구 간 비교

지금까지 위에서 소개된 5개 비교 문화 연구는 개념적으로 비슷한 문화적 차원을 사용, 국가문화 차이를 측정했다. 개념적으로 비슷한 문화적 차원을 서로 묶어 정리하면 <표 14>과 같다.

<표 14> 5개 비교 문화 연구에서 사용된 문화적 차원 개념 비교

	Geert Hofstede	Fons Trompenaars	Project GLOBE	Shalom H. Schwartz	World Value Survey
1	권력거리	귀속/성취주의	권력거리	평등/계급주의	
2	개인주의/ 집단주의	보편/개별주의 개인/공동체주의 한정/분산주의	내집단 집단주의 사회제도적 집단주의	자율성/배태성	
3	불확실성 회피		불확실성 회피		
4	실용적/규범적	순차적/동시적 지향주의	미래지향주의		전통적/ 세속적-합리적
5	관용/통제	감정/중립주의			생존/ 자기 표현성
6	남성성/여성성	내부적/외부적 통제주의	남녀평등주의 단호함 성과지향주의 인간지향주의	화합/지배	

<표 14>를 살펴보면 몇 가지 흥미로운 점이 보인다. 첫째로, 개인주의/집단주의, 그리고 남성성/여성성 차원은 몇몇 연구에서 복수의 차원으로 나뉘어 측정되었다. 특히, 개인주의/집단주의 차원은 두 개의 연구에서 각각 3개, 그리고 2개의 차원으로 나누어졌는데, 이는 개인주의/집단주의 차원이 단일 개념이 아닐 수도 있다는 점을 시사한다[6](Schwartz, 1990). 둘째로, 거의 모든 문화적 차원이 3~4개의 연구에서 반복적으로 측정되었으나 불확실성 회피는 Hofstede의 연구, 그리고 Hofstede의 연구를 확장한 GLOBE 연구에서만 나타난다. 이는 불확실성 회피가 개념적 차원에서 다소 모호하거나, 또는 다른 문화적 차원의 하위 개념으로 볼 수도 있다는 점을 시사한다. <표 14>의 1)~6)를 바탕으로 5개 비교 문화 연구 결과를 종합하여 한국과 브라질 간 국가문화 차이를 정리하면 다음과 같다.

1) <u>권력의 불평등한 분배를 용인하는 정도에 관한 문제</u>: 모든 연구에서 한국과 브라질 모두 세계 평균보다 비교적 높은 정도로 권력의 불평등한 분배를 용인하는 것으로 나타났다. 하지만 Geert Hofstede의 연구 결과를 제외하고 나머지 연구 모두 한국이 브라질 보다 그 정도가 다소 심한 것으로 나타났다.
2) <u>개인과 집단 간 관계에 관한 문제</u>: 한국과 브라질 모두 전반적으로 세계 평균보다 꽤 높은 집단주의적 성향을 보이는 것으로 나타났다. 하지만 여러 선행 문화 연구는 개인/집단주의 개념이 하나의 단일한 개념이 아닌, 복합적인 성격의 개념일 수 있다는 점을 반복적으로 지적한 바 있으며, 따라서 Fons Trompenaars와 Project GLOBE 연구는 이를 2~3개의 차원으로 보다 세분화하여 살펴보았다. <표 14>의 2번에 속하는 총 7개 문화적 차원 가운데 단 하나만 제외하고 - Fons Trompenaars의 개인/공동체주의 - 한국이 모두 브라질보다 강한 집단주의 성향을 보였다. 이와 관련하여 특히 흥미로운 점은 Project GLOBE에서 브라질은 사회제도적 집단주의 차원

6) 즉, 개인주의-집단주의 차원은 서로 반대되는 개념이 아닌 독립적인 개념일 수 있다는 것이다. 개인주의-집단주의가 하나의 차원을 구성하는 경우 높은 집단주의는 결코 개인주의적 성향을 포함할 수 없다. 하지만 개인주의와 집단주의가 개념적으로 분리되는 경우 높은 집단주의와 높은 개인주의적 성향이 동시에 나타날 수 있다.

에서 한국보다 뚜렷하게 낮은 점수를 보였다는 점이다. 또한, Shalom H. Schwartz의 연구에서 브라질은 한국보다 상대적으로 높은 지적/정서적 자율성을 보였다. 이는 한국과 브라질의 집단주의 성향이 서로 다른 맥락에서 이해될 필요가 있음을 의미한다.

3) 미래의 불확실성을 바라보는 관점의 문제: 불확실성 회피 차원을 하나의 독립적인 문화적 가치로 간주, 측정한 연구는 Geert Hofstede와 Project GLOBE 연구가 유일하다. Geert Hofstede 연구 결과를 따르면, 한국과 브라질은 모두 매우 높은 수준의 불확실성 회피 성향을 보였다. 하지만 Project GLOBE 연구 결과를 따르면, 한국과 브라질의 불확실성 회피 성향은 세계 평균보다 다소 낮은 것으로 나타났다. 하지만 이미 위에서 언급한 바와 같이, Geert Hofstede의 문화적 차원을 재측정한 Barros(2003)도 특히 불확실성 회피 차원에서 Hofstede와 크게 다른 결과를 확인할 수 있었다는 점에서 앞으로 추가 연구가 필요할 것으로 보인다.

4) 과거, 현재 그리고 미래의 상대적 중요성에 관한 문제: 한국과 브라질 간 문화적 차이가 가장 뚜렷하게 그리고 가장 크게 나타나는 문화적 차원 가운데 하나로서, Project GLOBE 연구 결과를 제외하고 한국은 매우 높은 수준의 미래 지향적 성향을 보인 반면, 브라질은 뚜렷한 과거 또는 현재 지향적 성향을 보인다.

5) 개인적인 행복 또는 쾌락을 추구, 표현하는 정도에 관한 문제: 해당 차원에서도 한국과 브라질 간 국가문화 차이가 상대적으로 뚜렷하게 나타난다. 한국은 감정 표현을 억제, 통제하는 것을 바람직한 것으로 간주하는 반면, 브라질은 상대적으로 이와는 반대의 모습을 보였다. 더불어, WVS 결과도 브라질이 상대적으로 자기 표현성 차원에서 한국보다 높은 점수를 보였지만 그 차이는 Geert Hofstede, 그리고 Fons Trompenaars의 연구 결과에서 나타난 차이만큼 크지 않다.

6) 남성적(성과, 단호함 등), 또는 여성적(협력, 돌봄) 가치를 강조하는 정도에 관한 문제: Geert Hofstede의 남성성/여성성 차원을 제외하고, 나머지 연구 - 특히, Project GLOBE와 Shalom H. Schwartz의 연구 - 에서 한국이 브라질보다 높은 성과지향주의, 또는 지배 성향을 보였다. 특히, Project GLOBE

의 경우, 해당 차원을 총 4개의 하위 차원으로 구분, 상세하게 측정했는데, 특히 남녀 평등주의와 관련하여 브라질이 한국보다 뚜렷하게 높은 평등주의를 보였다.

정리하면, 브라질 문화는 상대적으로 1) 수직/계층적이며, 2) 집단주의/공동체주의적 - 특히, 내집단 중심 - 성향을 보이며, 3) 과거/현재 지향적이며, 4) 감정/쾌락을 표현 또는 추구하는 데 적극적이며, 5) 협력 및 돌봄의 가치를 강조하는 것으로 나타났다. 1)~2)의 경우 한국 문화와 매우 비슷한 모습을 보이지만, 3)~5)의 경우 뚜렷한 차이를 보인다. 브라질 문화의 이러한 특성은 일반적으로 개인주의적 가치를 강조하는 '일반적인' 유럽 문화와 분명한 차이점을 보이는데, 이는 브라질 문화의 뿌리가 유럽, 아프리카 그리고 인디오 문화의 영향을 동시에 받아 형성되었다는 점을 고려하면 매우 당연한 결과로 볼 수 있을 것이다.

아래 <참고 8>과 <참고 9>는 브라질과 미국의 1) 수영 클럽 그리고 2) 금주동맹(Alcoholics Anonymous, AA) 간 비교를 통해 두 국가 간 문화적 차이를 분석한 연구를 요약한 글이다. 이는 위에서 언급된 브라질 문화의 특징이 일상생활에서 어떻게 나타나는지 잘 보여주는 좋은 예가 될 수 있을 것이다.

2.3. 문화일반적 접근법에 대한 비판적 시각

혹자는 비교 문화 연구가 지나치게 문화를 단순하게 이해하는 경향이 있으며, 특히 이를 통해 도출된 결과가 고정관념(stereotype)으로 받아들여질 위험성이 있다고 주장할 수 있다. 문화는 한 집단 내 복잡한 사회적 관계 및 합의 속에서 오랜 기간에 걸쳐 점진적으로 도출되는 '어떤 것'인 만큼 이를 단순히 5~10개 남짓한 수의 문화적 차원으로 완벽하게 이해한다는 것은 사실상 불가능하다고 볼 수 있을 것이다. 이러한 맥락에서, 지나치게 단순하게 묘사된 몇몇 문화적 특성을 바탕으로 국가문화를 이해하는 것은 자칫하면 고정관념에 기반한 지나친 일반화로 이어질 수 있다는 것이다.

물론, 이러한 주장도 일견 분명한 논리적 타당성을 가진다. 하지만 위에서 소

참고 8 브라질과 미국 수영 클럽의 문화적 비교

미국 인류학자 Conrad Philip Kottak은 1983년 8월부터 13개월간 Rio de Janeiro에 체류하면서 수영 선수인 자기 아들을 브라질 수영 클럽에 보낸 바 있다. 그는 이러한 경험을 바탕으로 브라질과 미국 수영 클럽의 차이점을 비교, "Swimming in Cross-Cultural Currents"란 제목의 논문을 발표했다. 미국 수영 클럽의 경우 교사와 학부모 간 모임이 매우 활발하며, 관련 잡지에 선수의 기록을 공개함으로써 기록 단축을 부추기지만, 브라질 수영 클럽의 경우 클럽 내 모임의 수 자체가 상대적으로 적으며, 클럽 내 선수의 순위만을 공개한다. 이러한 차이는 실제 경기에서도 나타나는데, 미국의 경우 각 레인에 두 명의 감독관가 학부모가 시간을 측정하고 전광판에 시간이 즉시 발표되며 고등학교의 경우 심지어 학교 게시판에 기록이 공개된다. 다시 말해, 미국의 경우 승패보다는 이전과 비교해 선수의 기록 단축 여부를 중시한다. 하지만 브라질의 경우 각 레인에 타이머가 하나만 존재하며 때로는 이마저도 고장 나 있는 경우가 많고 경기 후 기록이 가장 느린 선수부터 빠른 순으로 호명한다. 또한, 릴레이 경주와 관련하여 미국은 개인플레이보다 팀워크를 중시하지만, 브라질의 경우 개개인의 역량을 중시하며 1등에게만 관심과 지지가 주어진다.

(출처: Kottak, 1995)

참고 9 브라질과 미국 금주 동맹의 문화적 비교

금주동맹, 또는 AA는 미국 뉴욕의 주식중개인 빌 윌슨과 외과 의사 밥 스미스가 1935년 알코올 의존증 환자의 재활을 돕기 위해 만든 비영리단체이다. AA에서 알코올 의존증 환자는 서로 간 완벽한 익명성을 전제로 교회 체육관 등에 모여 자유롭게 자신의 경험을 나누고 서로를 위로한다. 보통 원형으로 모여 앉으며 모임을 진행하는 AA 주최자는 자신의 간섭을 최소화한다. 여기서 빌 윌슨이 집필한 소위 "Big Book"은 최종적인 지침을 제공한다. 모임 이후 참가자가 원하는 경우 그/그녀는 자신과 좀 더 깊은 관계를 맺으며 나중에 다시 술을 마시고 싶을 때 자신을 통제해 줄 수 있는 후원자를 요구할 수 있다. 이 경우 참가자는 보통 자신이 술을 끊는 데 가장 도움이 될 수 있을 만한 사람을 후원자로 부탁하는 경우가 대부분이다. 이러한 금주동맹은 1948년 브라질에도 도입되었다. 하지만 브라질의 경우 도입 이후 문화적인 차이로 말미암아 운영방식이 미국의 것과 많은 차이를 보였다. 구체적으로, 브라질에서 AA 모임의 의자 배열은 원탁이 아닌 주최자가 앞에 홀로 앉고 나머지 참가자를 마주 보는 식으로 이루어지며 "Big Book"의 지침은 완전히 무시되고 후원자 관계는 기본적으로 자신을 모임에 초청한 사람과 이루어진다. 더불어 미국 AA 모임은 완전한 익명성을 보장하는 반면, 브라질 AA 모임은 자신의 인적 사항이 거리낌 없이 노출된다. 이러한 브라질 AA 모임의 특징은 개인적 차원의 관계를 중시하는 브라질 문화의 특징이 녹아들어 있다는 점에서 흥미롭다.

(출처: jeffrey Jarrad, 1995)

개된 기존 비교 문화 연구 결과와 고정관념은 분명히 구별되어야 할 것이다. 다시 말해, 고정 관념은 주관적 차원에서 내집단과 외집단을 비교하는 가운데 내집단 내 형성되는, 보통 사실에 근거하지 않은 상대편 집단의 "특정한" 이미지를 의미하며, 본 연구에서 소개된 비교 문화 연구 결과와 전혀 다른 차원의 개념이라는 것이다. 하지만 동시에 이들 결과를 문화의 '모든 것'으로 간주하는 오류도 피해야 할 것이다. 실제로, 문화는 기본적으로 실용적인 특성을 가지고 있으며, 따라서 특정 국가 내 다양한 집단은 자신이 처한 특수한 상황에 따라 고유한 하위문화(subculture)를 형성할 수 있으며, 이는 소위 '일반적인' 국가문화와 크게 다른 모습을 보일 수 있다. 이는 비교 문화 연구의 뚜렷한 이론적 한계점으로 볼 수 있을 것이다.

2.4. 브라질 내 지역 간 문화적 차이

브라질은 매우 넓은 영토를 가지고 있으며 또한 전 세계 다양한 인종 및 민족이 함께 모여 살고 있는 이민 국가이다. 따라서 혹자는 과연 위에서 언급된 브라질 문화의 전반적인 특성이 실제로 브라질 내 모든 지역에서 일관되게 나타나는지 강한 의문을 제기할 수 있을 것이다. 이와 관련하여 Geert Hofstede와 몇몇 브라질 학자는 선행 비교문화연구에서 사용된 설문 도구를 사용, 브라질 내 여러 지역 간 문화적 차이를 문화일반적 관점에서 실증적으로 비교, 분석한 바 있다.

가장 대표적인 연구로 Geert Hofstede와 그의 브라질 동료 학자가 2010년 발표한 논문 "Comparing regional cultures within a country: Lessons from Brazil"을 꼽을 수 있을 것이다(Hofstede et al., 2010). 이들은 브라질 총 27개 지역에서 VSM(Hofstede's Value Survey Module)을 이용, 광범위한 설문조사를 했다. 조사 결과, 집단/개인주의 차원만이 지역별로 일관된 결과를 보여주었다. 설문조사 결과를 바탕으로 군집분석(cluster analysis)을 한 결과 브라질 문화는 총 다섯 개의 지역으로 나누어졌는데 특히 아프리카 문화와 인디오 문화의 색채가 강하게 남아있는 북동부 그리고 북부 지역은 다른 지역과 뚜렷한 차이를 보였다. 이

들 지역은 브라질의 행정구역 분류와 거의 일치한다. 이들 다섯 개 지역은 다음과 같다:

1) 남부 지역: 유럽과 일본 이민자가 많이 사는 지역으로 Paraná, Rio Grande do Sul, Santa Catarina 등을 포함한다. 이 지역의 문화는 수직적 계급을 강조하며, 형식을 덜 중시하고 개인주의적이며, 남성성이 상대적으로 두드러지는 모습을 보인다.
2) 남동부 지역과 수도 브라질리아: 브라질에서 산업이 가장 발달한 지역으로 Espirito Santo, Minas Gerais, Rio de Janeiro, São Paulo 등을 포함한다. 남성성이 덜 두드러지고 단기지향적 태도를 보인다.
3) 중서부 지역: 브라질에서 빠른 발전을 보이는 지역 가운데 하나로 Goiás, Mato Grosso, Mato Grosso do Sul 등을 포함한다. 형식이 덜 중시되는 모습을 보인다.
4) 북동부 지역: 적도 바로 아래 위치하며 가장 처음으로 식민화된 지역이고 Bahia, Ceará, Maranhão, Piauí 등과 좀 더 작은 Alagoas, Paraíba, Pernambuco, Rio Grande do Norte, and Sergipe 등을 포함한다. 수직적 계급을 덜 강조하고 형식주의를 중시하며 덜 남성적인 모습을 보인다.
5) 북부 지역: 적도 위에 있는 아마존 지역, 즉 Acre, Amapá, Amazonas, Pará, Rondónia, Roraima, Tocantins 등을 포함한다. 형식에 얽매이지 않는 모습을 보이며 집단주의적 가치를 강조하고 매우 남성적인 모습을 보인다.

03
브라질 국가문화의 특징 II: 문화내부적 접근

학습내용:

- Sérgio Buarque de Holanda의 브라질 문화 관련 논의의 핵심을 살펴본다.
- Roberto DaMatta의 브라질 문화 관련 논의의 핵심을 살펴본다
- 브라질 사회의 작동 원리의 핵심을 구성하는 '제이칭뉴'(jeitinho brasileiro) 개념을 이해한다.

일련의 브라질 인류학자 및 역사학자는 문화적 차원에서 브라질 사회의 기본적인 작동 원리 및 브라질인의 국가 정체성 형성 과정 등을 효과적으로 설명할 수 있는 '토착형 이론(indigenous theory)'을 제시하고자 노력했다. 'The study of Brazilianness'로도 불리는 해당 연구 분야에서 가장 영향력이 있는 학자로 Roberto DaMatta, Gilberto Freyre 그리고 Sérgio Buarque de Holanda 등을 꼽을 수 있다. 본 장은 먼저 이들 브라질 학자의 이론적 논의를 통해 브라질 문화를 문화내부적 관점에서 살펴보고자 한다. 더불어, 본 장은 브라질 문화의 핵심을 구성하는 요소 가운데 하나로 종종 지목되는 '제이칭뉴(jeitinho)' 관련 연구 결과를 정리하고 이를 연고주의 관련 논의와 비교함으로써 특히 한국인의 관에서 정리함으로써 브라질 문화에 대한 이해를 돕고자 한다.

3.1. 문화내부적 관점에서 바라본 브라질 문화

브라질 문화는 기본적으로 포르투갈 출신 식민지 지배층, 아프리카 출신 노예, 인디오로 불리는 원주민 등의 문화가 함께 섞인 '혼합물', 즉 다문화적 성격을 가지고 있으며, 이러한 맥락에서 종종 '샐러드 보울(salad bowl)' 또는 '모자이크(mosaic)' 등으로 묘사되기도 한다(참고 10). 이러한 브라질 문화의 다문화적 특성은 다양한 주제와 함께 연구된 바 있다. 대표적으로 식민지 시대 아프리카 문화가 브라질 문화 형성에 미친 영향, 비슷한 맥락에서 아프리카 토속 신앙과 가톨릭 간 종교 혼합 현상(syncretism), 또는 문화적 식인주의(cultural cannibalism), 즉 브라질인의 외국 문물에 대한 높은 개방성 관련 연구[7] 등이 좋은 예로 꼽힐 수 있을 것이다. 이와 동시에 브라질 학자를 중심으로 진행된 일련의 연구는 반대로 토착적 관점에서 브라질 문화의 고유한 특징을 찾고자 노력했다.

참고 10 다문화 이론: '멜팅 팟', '모자이크' 그리고 '샐러드 보울'

인종 또는 문화의 '용광로'로 종종 불리는 '멜팅 팟(melting pot)'은 서로 이질적인 문화를 가진 집단이 함께 모여 살면서 자신의 고유한 문화적 특질을 잃어버리고 서로 점차 동질화(assimilation)되는 것을 의미한다. 이는 보통 문화일원주의로 불리기도 한다. '모자이크' 및 '샐러드 보울'은 서로 다른 문화를 가진 인종 및 민족이 자신의 고유한 문화적 특질을 유지한 채 서로 공존, 섞여 있는 것을 의미한다. 이는 다문화주의로 불리기도 한다. 최근 다문화 연구자는 '멜팅 팟' 이론보다 '모자이크' 또는 '샐러드 보울' 이론이 일반적으로 미국이나 브라질 등과 같은 이민자 국가의 문화적 특성을 더욱 잘 설명할 수 있다는 데 상당부분 동의하고 있다.

7) 이와 관련하여 Schwarz(1987, p. 29)는 "브라질인은 스스로를 'unauthentic imitator', 즉 남의 문화를 그대로 '복사'하여 자신의 문화로 삼고 있는 사람으로 인식하고 있다"고 지적한 바 있다.

3.1.1. Sérgio Buarque de Holanda의 'Raízes do Brasil'

토착적 관점에서 브라질 문화의 특징을 탐구한 학자 가운데 처음으로 학계의 본격적인 주목을 받은 학자는 아마도 Sérgio Buarque de Holanda(1902~1982)일 것이다. 1936년 초판이 발행된 에세이 형식의 저서 'Raízes do Brasil'에서 그는 브라질 사회의 형성 과정을 초기 식민지 시대부터 거시적 관점에서 살펴보면서 브라질 사회의 기본적인 작동 원리가 포르투갈 식민지 지배 계층의 다음과 같은 네 가지 고유한 특성, 즉 1) 인격주의(personalismo)8), 2) '탐험가'적 기질(tipo aventureiro), 3) (가부장제에 기반을 둔) 농촌 유산(herança rural) 그리고 마지막으로 4) '착한 사람 신드롬' 정도로 번역 가능한 'o homen cordial' 등의 영향을 받아 형성되었다고 주장했다. 1)~4)의 내용을 간략하게 설명하면 다음과 같다.

<표 15> '일꾼'과 '탐험가'

일꾼	탐험가
• 목표 성취 과정에서 성취 후 얻을 수 있는 보상보다 극복해야 할 어려움에 집중 • 건전한 노동관 • 자신이 하는 일에 긍정적인 도덕적 가치를 부여 • 투입돼야 할 노력에 집중	• 중간 과정보다 최종 결과물이 무엇보다도 중요 • 즉각적인 보상이 주어지는 곳에 노력을 쏟는 것이 바람직 • 내적으로 굳건한 것보다 외적으로 새로운 발견을 하는 것을 선호
• 특성: 책임감, 안정 추구	• 특성: 대담함, 선견, 무책임함, 불안정, 방랑
• 신대륙 발견과 정복 단계에서 제한적인 역할을 할 수밖에 없었으나 이후 '탐험가'와 함께 식민지 지배층의 브라질 현지 적응에 중요한 역할을 함	• 신대륙 발견과 정복 단계에서 매우 중요한 임무를 수행했으며 이들의 사고방식은 대가를 지급하지 않고 쉽게 경제적 번영을 누리고 싶어 하는 열망, 존칭어(예. sehnor/senhora) 및 직위 등을 강조하는 브라질 문화의 특징으로 이어짐

8) 여기서 personalismo는 사전적 의미를 그대로 적용, '인격주의'로 번역되었으나 사실상 다른 의미를 가지고 있다. 혹자는 이를 '인물주의'로 번역한 바 있다.

첫째로, 인격주의란 자기 자신과 직계 가족의 안녕만을 최우선으로 간주하고 그 외 모든 제도적 차원의 공적 관계를 부차적인 것으로 치부하는 사고방식을 의미한다. Sérgio Buarque de Holanda에 따르면 이는 타인의 도움을 기대하지 않고 자기 자신만을 의지하며 개인의 자율성을 무엇보다도 우선시하는 (다른 유럽 국가와 확연히 구분 가능한) 이베리아반도의 독특한 문화적 특성에 기인하며, 이는 더 나아가 브라질 문화의 또 다른 특성 가운데 하나인 '육체노동의 회피'와 밀접한 관계를 맺는다고 주장했다. 다시 말해, 포르투갈 식민지 지배 계층은 흑인 노예의 노동력 착취를 통해 상대적으로 쉽게 얻을 수 있는 단기적인 이익만을 추구함으로써 자신은 별 수고를 들이지 않고 풍족한 삶, 즉 '완벽한' 자율성을 누리는 것을 성공적인 삶으로 간주했으며, 결과적으로 이는 육체노동을 천시하는 브라질인 노동관 형성 과정에 결정적인 영향을 미쳤다는 것이다. 또한, 이러한 브라질인의 노동관은 사회 구성원 간 응집력을 약하게 만들고, 더 나아가 산업 발전 속도를 더디게 만들었다.

둘째로, '탐험가'적 기질이란 '일꾼' 또는 '벽돌공' 등과 반대되는 개념으로 넓은 세계관을 가지고 끊임없이 새로운 것을 추구하는 기질을 의미한다. Sérgio Buarque de Holanda는 포르투갈 식민지 지배층을 '탐험가'에 비유하면서 - 참고로, '일꾼(tipo trabalhador)'은 영국 그리고 '벽돌공'은 스페인 - 이들은 '일꾼' 등과 같이 계획 수립과 실천을 통해 미래를 예측하고 안정을 추구하는 것이 아닌, 주어진 상황에 임기응변으로 대처함으로써 즉각적인 보상을 받을 수 있는 행동을 훨씬 선호하는 경향을 보였으며, 이는 결과적으로 무질서한 식민지 경영으로 이어졌다고 주장했다. 따라서 식민지 도시 발전은 마치 바람에 씨를 뿌리듯 무계획적으로 발전할 수밖에 없었으며, 경제발전에서 흑인 노예의 노동력이 차지하는 비중은 더 커질 수밖에 없었다.

셋째로, '농촌 유산'이란 외부로부터 고립된 자급 자족형 사탕수수 플랜테이션 내 삶의 방식을 의미한다. 식민지 시대 특히 브라질 북동부를 중심으로 건설된 사탕수수 플랜테이션에서 포르투갈인 농장주는 절대적인 권력을 가지고 있었으며 각각의 플랜테이션은 외부로부터 차단되어 하나의 완결된 사회 및 경제 구조를 유지하고 있었다. 이는 결과적으로 브라질 내 도시화가 늦게 진행된 결정적인 이유로 작용했으며, 도시화 이후에도 특정 유력 인사가 해당 지역 내 강

참고 11 **Mauá - O Imperador e o Rei**

Sérgio Buarque de Holanda가 자신의 저서 'Raízes do Brasil'에서 언급한 포르투갈 식민지 지배 계층의 특성은 1999년에 개봉한 브라질 영화 'Mauá – O Imperador e o Rei'에서 잘 묘사되고 있다. 영화 줄거리를 간략하게 요약하면 다음과 같다: Barão de Mauá으로 더 잘 알려진 Irineu Evangelista de Sousa(1813~1889)는 Rio Grande에서 출생한 후 여려서 아버지를 여의고 어머니의 재혼과 함께 Rio de Janeiro로 이주하게 된다. 그곳에서 그는 한 포르투갈 상인(Pereira de Almeida)의 가게에서 점원으로 일하면서 사업에 눈을 뜨기 시작한다. 자신의 고용주 Pereira가 진 은행 빚 협상을 대신 진행하는 과정에서 Irineu는 스코틀랜드 사업가 Richard Carruthers를 만난다. Richard는 진지하게 협상에 임하고 협상 결과를 성실히 이행하는 Irineu에게 큰 감명을 받고 그에게 함께 일하자고 제의한다. 시간이 지난 후 Richard는 자신의 고향 스코틀랜드로 돌아가면서 자신의 사업체 운영을 Irineu에게 일임한다. 이후 Irineu는 영국을 방문, 공업화 이후 급속하게 발전하는 영국 경제를 직접 목격한 후 브라질의 미래는 공업화에 있다고 확신하게 되고 이를 위해 귀국 후 Rio de Janeiro에 철강 및 조선 회사를 설립한다. 이들 사업이 크게 성공하면서 그의 회사는 운송 및 은행업으로 사업 영역을 넓힌다. 하지만 Irineu의 이러한 행보는 노예의 노동력을 바탕으로 사탕수수, 목화 또는 커피 등을 생산, 큰 경제적 이득을 보던 포르투갈 황제(Dom Pedro II) 및 기존 엘리트 계층의 노여움을 사게 되고 이들의 계략으로 말미암아 Irineu의 사업은 결국 파산한다. 이 영화에서 포르투갈 식민지 지배 계층은 권위주의적이며 무능하고 부패에 찌든, 결과적으로 브라질 경제 발전의 발목을 잡는 핵심 장본인으로 묘사되고 있다.

한 정치적 또는 경제적 권력을 행사할 수 있는 근본적인 원인이 되었다.

넷째로, 아마도 Sérgio Buarque de Holanda가 제시한 여러 개념 가운데 아마도 가장 널리 알려진 'o homen cordial'는 사적인 관계에서 포근함과 친밀감을 강조하는 브라질인의 독특한 기질을 의미한다. 이는 식민지 시대 형성된 가족 관계에서 그 뿌리를 찾을 수 있으며, 진정한 의미의 근대사회로의 전환에 커다란 장애물로 작용했는데, 즉 외부로부터 고립된 플랜테이션에서 가부장적 가치를 중심으로 구성원 간 강한 정서적 유대감으로 묶인 가족 관계는 소위 '공공의 선'을 중시하며 이를 위해 함께 노력하는 근대적 의미의 시민 의식을 길러내는 데 실패할 수밖에 없었으며, 결과적으로 사회 발전 과정에서 이성과 감정이 서로 애매하게 뒤섞이면서 공적 분야와 사적 분야 간 구분을 흐리게 만들었다는 것이다.

이러한 맥락에서 Sérgio Buarque de Holanda는 영국 또는 스페인 등과 뚜렷하게 구분되는 포르투갈 식민지 지배 계층의 '무질서한' 통치 방식이 브라질 민주주의 발전에 여전히 심각한 장애물로 작용하고 있다고 보았다. 동시에 이러한 과거 식민지 시대 유산은 결과적으로 브라질 문화의 형성 과정에 결정적인 영향을 미쳤다.

3.1.2. Roberto DaMatta의 연구

인류학자이자 시사 평론가 그리고 심지어 TV 프로듀서 등 다방면으로 활동한 바 있는 Roberto DaMatta(1936~)는 여러 편의 연구 저서에서 브라질 사회의 기본적인 작동 원리를 인류학적 관점에서 분석하면서 소위 '브라질 딜레마(dilema brasileiro)' 개념을 제안, 이를 학계에 널리 알린 학자로 잘 알려져 있다. 그의 대표적인 저서로는 'Carnavais, malandros e heróis'(1978), 'A casa e a rua: espaço, cidadania, mulher e morte no Brasil'(1985) 그리고 'O que faz o brasil, Brasil?'(1986) 등을 꼽을 수 있다.

여기서 '브라질 딜레마'란 전통적 가치와 근대적 가치 사이에서 어느 한쪽으로 지나치게 기울지 않고 양쪽 사회의 특성이 애매하게 뒤섞인 채로 동시에 나타나는 - 즉, '딜레마적인' - 브라질 사회의 고유한 특성을 의미한다(예. 권위주의적이고 계층적인 브라질 사회구조 대 평등, 민주주의 및 화합 등에 대한 강한 욕구). 프랑스 사회학자 Louis Dumont는 그의 유명한 저서 "Homo Hierarchicus: The Caste System and Its Implications"에서 인도와 유럽 사회를 비교하면서 인도 사회는 계급(hierarchy) 및 총체주의(holism)적 가치를 중시하는 반면, 유럽 사회는 평등(equality) 및 개인주의(individualism)적 가치를 중시한다고 주장한 바 있다. 여기서 그는 인도와 유럽 사회 간 이러한 이데올로기적 차이를 보편적이고 근본적인 - 즉, 완전히 분리되어 서로 뚜렷이 구분 가능한 - 성격의 것으로 보았다(참고 11 및 12 참조). 하지만 Roberto DaMatta는 Louis Dumont의 이러한 이분법적 구분에 강한 의문을 제기하면서 브라질의 경우 전통적 가치와 근대적 가치가 지역 또는 계층별로 뚜렷하게 구분되어 나타나지 않으며(예. 지방 하위 계층은 전자 그리고 도시 상위 계층은 후자를 선호) 오히려 사회 전반에 걸쳐 모호하게 혼재되어 있다고 주장했다. 다시 말해, 브라질인은 양쪽 가치 사이에서 어느 하나를 선택하는 것이 아닌, '중간 어딘가'에서 끊임없이 이들 간 '적당한' 타협점을 모색한다는 것이다.

이에 관련하여 좋은 예로 브라질 사회에서 확장된 친족 관계 또는 '제이칭뉴' 등이 차지하고 있는 중재적 역할을 꼽을 수 있을 것이다. 다시 말해, 브라질의 '비인격적인' 법 제도가 초래할 수 있는 사회 계층 간 지나친 불평등 문제는 '친밀한' 개인적 관계 속에서 그 효과가 상당 부분 누그러지며(예. '제이칭뉴'의 활용 등), 이로 말미암아 전통적 가치와 근대적 가치가 브라질 사회에서 동시에 공존할 수 있는 환경이 조성된다는 것이다(물론, 미국 또는 유럽인의 관점에서 이는 상당 부분 부패에 가까운 것으로 비칠 수 있다). 결과적으로, (한국과 마찬가지로) 대다수 브라질인에게 있어서 개인적 관계, 즉 소위 '인맥'은 이러한 전통적 가치와 근대적 가치 간 갈등을 '요령 있게' 해결할 수 있는 효과적인 수단으로 작용한다. 페루 Oscar R. Benavides 대통령의 유명한 인용구, "친구에게는 모든 것을, 적에게는 법을(for my friends everything, for my enemies the law)"은 이러한 서로 다른 두 가치 간 모호한 상태의 조화를 상징적으로 잘 보여주고 있다.

Roberto DaMatta의 저서 'A casa e a rua: espaço, cidadania, mulher e morte no Brasil'에서 나타나는 '집(a casa)'과 '거리(a rua)' 개념도 이와 같은 맥락에서 이해할 수 있다. 여기서 '집'은 가족 또는 친족 등과 같이 수직적(hierarchical)이면서 동시에 개인화(personalistic)된 관계가 중시되는 친밀한 공간을 의미하며, 이와 반대되는 개념의 '거리'는 시장 또는 법적 체계 등과 같이 철저한 익명성, 이기주의적 사고(individualistic) 및 법에 따른 평등한 처리(egalitarian) 등이 중시되는 비인격적 공간을 의미한다. 이러한 비유적 표현을 사용, Roberto DaMatta는 브라질 사회에서 '집'과 '거리'는 서로 분리된 것이 아닌, 오히려 서로의 공간을 끊임없이 침범한다고 주장했다.

'집'의 공간이 '거리'의 공간을 침범하는 경우, 법과 질서는 무시되고 모든 것은 결국 개인적 관계 또는 감정의 문제로 귀결된다. 반면, '거리'의 공간이 '집'의 공간을 침범하는 경우 이러한 모든 개인적인 차원의 문제는 수면 아래로 들어가고 반대로 비인격적인 법과 질서가 모든 것을 지배한다. 두 공간 사이의 경계선이 명확하지 않은 브라질 사회에서 각각의 개인은 자신이 처한 특수한 상황에 따라 '집'의 행동(예, 개인적 관계, 충성심, 감정, 호혜, 우정 등을 따르는 행동)과 '거리'의 행동(예. '우리'라는 개념에 속박되지 않고 법체계 또는 자신의 이기적 목표 및 개인적 선호 등을 따르는 행동) 사이를 필요에 따라 왔다 갔다 하는 모습을 보인다. Roberto DaMatta는 이처럼 상반된 두 가지 도덕 가치가 서로 충돌을 일으키지 않고 '적당한' 선에서 공존하는 브라질 사회의 특성(double-edged ethic)을 다양한 언어적 표현 또는 상징물 분석을 통해 인류학적 관점에서 살펴보았다. <참고 13>은 이러한 브라질 사회의 특성이 상징적 차원에서 잘 드러난 한 유명 브라질 문학 작품의 사례를 소개하고 있다.

비슷한 맥락에서 Roberto DaMatta는 또한 자신의 저서 'Carnavais, malandros e heróis'에서 브라질 '영웅'의 원형적 모습, 즉 국민적 인물형을 총 세 가지, 즉 1) '카시어스(o caxias)', 2) '거부자(o renunciador)', 3) '악당(o malandro)'으로 나누어 설명한 바 있다. 여기서 '카시어스'는 '카시어스 공작(Duke of Caxias, Luís Alves de Lima e Silva)'에서 그 의미를 따온 것으로 강한 권력과 함께 '이미 주어진' 법질서를 철저하게 수호함으로써 현재 상태를 유지(status quo)하고자 하는 브라질 사회의 한 단면을 상징하며 이는 위에서 언급된 '거리'의 공간과 개념적으로 일치한다. 브라질 기업에서 이들은 청렴하고 도덕적이며 기존 질서에 결코 비판적으로 의문을 제기하지 않고 이에 항상 순응하는, 따라서 모든 조직 체계에 무난하게 적응할 수 있는 소위 '예스맨'을 의미한다.

반면, '악당'은 법과 질서를 지키는 '카시어스'와 반대되는 성격의 영웅으로서 법질서를 무시하고 개인적 관계를 활용, 자신이 원하는 바를 편법적인 방법으로 얻어내는 자를 상징한다. 좋은 '알선인'을 찾아내는 데 성공한 공무원, 새로운 암거래 유통경로를 개척하는 데 성공한 밀수업자, 각종 편법적 방법을 통해 세금을 거의 내지 않는 사업가, 선거 때마다 항상 듣기 좋은 공약을 내세우지만, 이를 절대 지키지 않는 정치인 등은 모두 이러한 '악당'에 속한다. 이들은 지나치게 '각진' 이미지의 '카시어스'와 정반대되는 특성의 영웅으로서 브라질 사회에서 비판의 대상이면서 동시에 - 분명, 역설적으로 들릴 수 있지만 - 문화적 차원에서 그 존재의 정당성을 분명히 인정받고 있으며, 이들의 행위는 일탈 행위라기보다 오히려 종종 '재치 있는' 또는 '영리한' 행위로 인식되는 편이다. 이들은 위에서 언급된 '집'의 공간과 개념적으로 일치한다.

참고 14　도나의 선택(Dona Flor e Seus Maridos)

'도나의 선택'은 브라질 소설가 Jorge Amado가 1966년 발표한 장편 소설이다. 또한, 이는 1976년 영화화되어 브라질에서 크게 흥행한 바 있다. 줄거리를 간략하게 정리하면 다음과 같다: 술주정뱅이 남편 바지뉴(Vadinho)가 카니발에서 갑자기 심장마비로 죽은 후 도나는 착하고 성실한 약사 테오도루(Teodoro Madureira)를 만나 재혼한다. 하지만 도나는 마음속 깊은 곳에서 전남편 바지뉴에게서 느꼈던 음탕하고 정열적이며 감각적인 쾌락을 그리워한다. 그녀의 이러한 갈망은 바지뉴의 영혼을 사자의 세계에서 불러오게 되고 그는 죽은 후에도 여전히 바람둥이 기질을 버리지 못한 채 벌거벗은 상태로 나타나 도나를 성적으로 유혹한다. 도나는 둘째 남편과의 정조를 지키기 위해 처음에는 바지뉴의 이러한 유혹을 무시하지만, 점점 자신이 얼마나 전남편을 사랑하는지 깨닫고 그와 다시 사랑에 빠진다. 결국, 도나는 착하고 성실한 남편 테오도르 그리고 난봉꾼 전남편 바지뉴와 동시에 관계를 맺으며 행복한 나날을 보낸다.

여기서 바지뉴는 친밀한 관계 및 감정 등이 중시되는 '전통적' 가치를, 그리고 테오도르는 비인격적 규칙 또는 규정 등이 중시되는 '근대적' 가치를 상징하며 도나는 이들 사이에서 누구를 고를지 몰라 어쩔 줄 몰라 하는 - 따라서, 결국 모두를 선택한 또는 누구도 선택하지 않은 - 인물로 묘사된다. 하지만 Roberto DaMatta는 도나의 역할을 단순히 이분법적 관점에서 두 남편 가운데 한 쪽을 무조건 선택해야만 하는 딜레마에 빠진 선택자의 관점에서 바라보지 않고, 오히려 제3의 선택지, 즉 선택하지 않는 것을 선택함으로써(또는 모두를 선택함으로써) 서로 반대되는 성격을 가진 두 남편을 매우 '브라질적인' 방법으로 '연결'하는 중재자, 즉 관계의 관점에서 바라볼 것을 제안한다. 더 나아가 그는 도나의 이러한 역할이야말로 '집'과 '거리'의 공간을 좁히고 이를 서로 융합, 연결, 화해시킴으로써 브라질 사회를 긍정적인 통합으로 이끌 수 있다고 주장한다.

마지막으로, '거부자'는 현재 사회의 수용을 거부하고 새로운 현실을 꿈꾸는 자를 상징한다. 다시 말해, 이들은 '카시어스'와 '악당' - 즉, 지나치게 경직된 공적 영역과 거의 부패에 가까운 사적 영역 - 간 역설적 관계를 있는 그대로 이해하고 받아들이고자 노력하는 자가 아닌 오히려 이와 다른 길을 선택한 자로 볼 수 있다. 이러한 다른 길은 물론 여러 가지 형태로 나타날 수 있다. 혹자는 비록 사회의 변화를 꿈꾸지만, 현실의 무게로 말미암아 은퇴할 때까지 월급을 받으며 살아가는 안정적인 삶을 선택할 수 있다. 또 다른 혹자는 사회 변화를 끌어내기 위해 '혁명가'로서 더욱 적극적인 행동을 취할 수 있다. 마지막으로, 혹자는 종교를 통해 구원을 추구할 수 있다. 이들 세 영웅은 위에서 설명한 바와 같이 모두 브라질인의 상황에 따라 변화하는 행동 양식의 일부를 잘 보여주고 있다는 점에서 매우 흥미롭다.

3.2. '제이칭뉴'

3.2.1. '제이칭뉴'의 개념 및 특성

이미 위에서 언급한 바와 같이 '제이칭뉴'는 브라질 사회의 기본적인 작동 원리를 올바로 이해하기 위해서 결코 빼놓을 수 없는 브라질인의 독특한 행동 양식 가운데 하나로 브라질 문화의 핵심을 구성하며, 따라서 본 장에서는 이를 더욱 자세하게 살펴보고자 한다. '제이칭뉴'는 영어로 보통 'little way(작은 방법)', 'knack(요령)', 'clever dodge(재치 있는 술수)', 'bypass(우회)' 등으로 번역된다(Ferreira et al., 2012). 임두빈(2013)은 한국어로 이를 맥락에 따라 '융통성', '여유', 또는 '이해심' 등으로 번역한 바 있다. '제이칭뉴'가 맥락에 따라 서로 다른 단어로 번역될 수 있는 것과 같이, 실제로 이는 실생활에서 매우 다양한 형태로 나타날 수 있다. 예를 들어, Dennis & Stroh(1997)의 한 경영 교육 사례는 브라질 자회사에서 근무하는 한 미국인 주재원이 경험한 도덕적 딜레마를 통해 '제이칭뉴'가 실제 비즈니스 상황에서 어떻게 작용하는지 묘사하고 있다. 그 내용을 간단하게 줄이면 다음과 같다:

> 한 미국 기업이 브라질 시장에 진출하기로 하고, 현지 자회사를 설립, 한 미국인 주재원을 파견했다. 주재원이 브라질에 도착, 업무를 진행하는 도중, 새로 설립된 브라질 자회사 사무실에 10개의 전화 연결 신청을 마쳤지만 실제로 한두 개만 연결되고 나머지가 연결되지 않아 대다수 직원이 아무 일도 하지 않고 놀고 있다는 사실을 발견했다. 그(그녀)는 문제를 해결하기 위해 브라질 매니저와 함께 전화국을 방문, 항의하지만 전화국 직원은 아무런 반응을 하지 않는다. 이때 브라질 매니저는 '제이칭뉴'를 활용, 전화국 직원과 약간의 대화를 건넨 후

미국인 주재원에게 돌아와 약 100불을 전화국 직원에서 건네주면 문제를 즉시 해결할 수 있다고 말했다. 미국인 주재원이 뇌물을 금지하는 회사 규정상 이를 거부하며 다른 방법이 없는지 묻자 브라질 매니저는 다음과 같이 대답했다: "6개월을 기다리면 됩니다."

또 다른 예로, Duarte(2006)은 브라질 Belo Horizonte시 시청에서 시행한 빈민촌 환경 개선 프로그램 "The Greenery"를 중심으로 질적 연구를 시행, 프로그램 운영 실무자가 지나치게 부족한 예산, 그리고 시청 공무원의 관료주의 또는 무사안일주의 등으로 말미암아 지연되는 일정 등과 같은 문제를 어떻게 '제이칭뉴'를 활용해 효과적으로 해결하는지 자세하게 기술한 바 있다. 'The Greenery' 프로그램의 실제 실행은 (예를 들어, 전문 기술 및 인력 제공 등) Verde라는 민간단체를 통해 이루어졌으며 시청은 필요 경비 지원과 일반 관리 업무를 수행했다. 연구에 포함된 여러 사례 가운데 하나를 소개하면 다음과 같다:

> "I couldn't let [the communities] down. Greenery clients from the four Branches were looking forward to the horticultural projects we had promised then for 2001, and I didn't have the heart to disappoint them. So, I had to give a jeitinho in the situation. I knew the guy who managed [the environmental NGO nominated to provide the technical expertise for the courses]; he was a childhood friend. I managed to convince him to reduce the course fees in exchange for some free workshops on project management that I was prepared to give at their NGO. With the reduction in price, we would be able to run the courses at the four branches. This was highly irregular and I never told 'Prefeitura' about it. But everyone was happy in the end!"(Durate, 2006, pp. 520~521).

첫 번째 사례는 '교활한' 술수, 즉 뇌물을 사용, 공식적인 규정을 무시, 파괴하는 '부정부패'에 가까운 것으로 볼 수 있다. 반면, 두 번째 사례는 비록 규정에는 어긋나지만 적당한 융통성을 발휘, 문제를 새로운 방식으로 해결하는 경우로 볼 수 있다. 실생활에서 나타날 수 있는 또 다른 예로, 1) 직장 상사가 장기간 자리를 비운 관계로 결제를 받을 수 없는 상황에서 컴퓨터 등과 같이 다소 비싼 사무용품을 꼭 새로 구매해야 하는 경우, 개인적인 친분이 있는 재무부서 책임자에게 사정을 설명하고 '크고 매력적인 미소와 함께' 자금 집행을 부탁하는 것(Durate, 2006), 또는 2) 장기간 실직 후 어렵게 일자리를 얻었는데 출근 하루 전날 '노동수첩'(브라질에서 모든 피고용인은 채용 시 노동수첩을 제시해야 하며, 그렇지 않은 경우 고용 취소 등 불이익을 당할 수 있음)을 분실한 사실을 알게 되고, 급히 노동청으로 달려가 재발급 요청을 하지만 재발급 기간이 한 달 정도 소요된다는 사실을 듣고 창구 직원에게 자신의 불행한 처지를 털어놓으며 간곡하게 호소, 다른 민원보다 우선적으로 일을 처리하여 40여 분 만에 재발급을 받는 것(임두빈, 2013) 등도 모두 '제이칭뉴'의 좋은 예가 될 수 있다.

이상의 사례에서 미루어 짐작할 수 있는 바와 같이, Barbosa(2006)는 '제이칭뉴'의 특성을 보다 구체적으로 다음과 같이 정리했다: '제이칭뉴'는 1) 비일상적인, 혹은 예측하지 못한 상황에서 주로 발생하며, 2) 고의적으로 규정, 규칙, 절차 등을 무시하는 행동을 수반하며, 3) 단기적인 문제 해결 방안을 추구하며, 4) 보통 자신의 이기적인 목적 달성을 목표로 하지만, 경우에 따라 이타적인 목적을 가질 수도 있으며, 5) 미소, 상냥함, 애원조의 목소리 등 동정, 또는 연민을 자극하는 '기술'을 요구하며, 6) 일반적으로 이미 서로 잘 알고 있는 사람에게 주로 사용되지만, 경우에 따라 전혀 모르는 사람에게도 사용 가능하며, 마지막으로 7) 대부분의 브라질 사람들에게 자신의 문화적 정체성을 형성하는 핵심 구성 요소 가운데 하나로 - 즉, 일종의 사회적 규범(social norm)으로 - 받아들여지며, 실생활에서 매우 빈번하게 쓰인다.

또한, 이와 비슷한 맥락에서 Rodrigues(2011)은 질적 연구 결과를 바탕으로 브라질인에게 '제이칭뉴'가 심리적 차원에서 1) 대인 공감(interpersonal empathy), 2) 다른 사람의 피해(harm to others; 남을 이용하거나, 거짓말을 하거나, 또는 신뢰할 수 없는 행동), 3) 술수 또는 (부랑배의) 게으름, 바탕, 사소한 범죄('malandragem'; 즉 요령 있고, 교활하며, 음흉한, 동시에 세상물정에 매우 밝고 두뇌회전이 매우 빨라서 항상 '편법'을 통해 자신이 원하는 바를 획득하는 것), 4) 사회적 규범의 파괴, 5) 혁신적 과정, 6) 권력관계('제이칭뉴'를 통해 무엇을 요청하는 사람과 이러한 요청을 받아들이는, 또는 거절하는 사람 간 계급 차이가 존재한다는 의미), 7) 보상(어쩔 수 없이 주어진 환경의 불공평함으로 말미암아 발생하는 문제를 '다른' 방식으로 해결하는 것이 '제이칭뉴'의 핵심 가운데 하나라는 의미) 등의 '테마'를 떠올리게 한다는 점을 발견했다. 또한, Duarte(2011)은 '제이칭뉴'가 다음과 같은 세 가지 서로 긴밀하게 연결된 차원, 즉 1) '브라질적인' 존재방식(way of being)으로서 '다정다감한' 차원, 2) 창의적인 문제 해결 방식의 차원, 그리고 3) 일을 성사시키기 위해 규칙, 규범 등을 파괴하는 체제전복적 차원 등으로 구성된다고 보았다. 이와 비슷한 관점에서 Ferreira et al.(2012)는 '제이칭뉴'를 총 세가지 차원, 즉 1) 부패, 2) 창의적 문제 해결, 그리고 3) 사회 규범의 파괴 차원으로 구분할 수 있다고 주장했다. 특히, 많은 선행 연구가 '제이칭뉴'의 특성 가운데 하나로 지적한 '창의적 문제 해결'은 단지 인간관계의 활용뿐만 아니라 주어진 환경의 제약을 기존에 없던 새로운 방법 - 보통, 임기응변적 측면이 강한 - 으로 극복, 문제를 해결하는 여러 종류의 다양한 행동을 모두 포함한다.

<그림 2> 호의에서 부정으로 이어지는 '제이칭뉴'

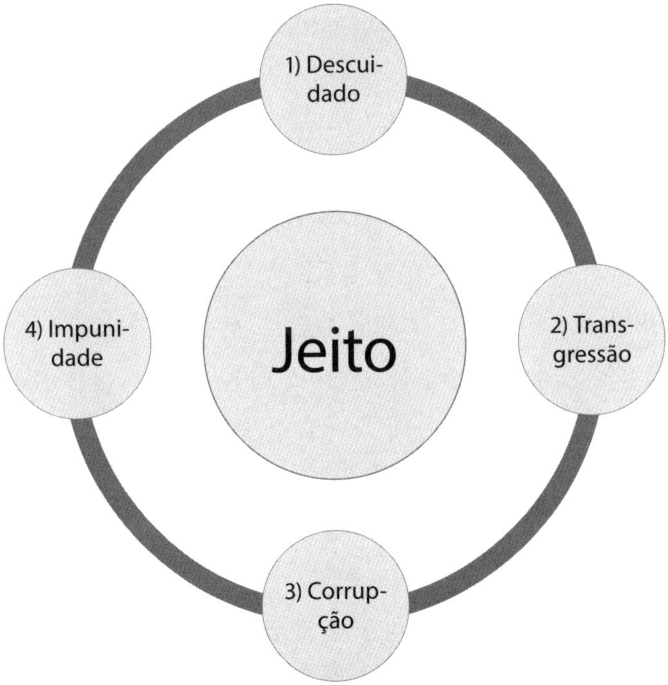

(출처: Rega, 2000)

<그림 3> '제이칭뉴'의 긍정적 · 부정적 차원

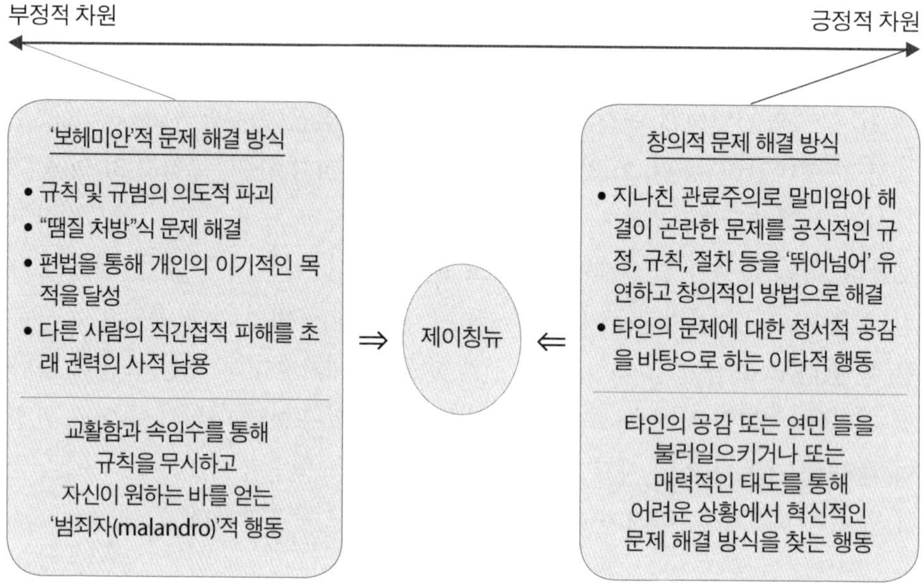

이와 같이, '제이칭뉴'는 '다정다감함'부터 '창의적 문제 해결', 그리고 더 나아가 '규칙, 규범의 파괴'까지 상당히 이율배반적인 특성을 동시에 보이며, 따라서 상당수 선행 연구는 이를 '호의(favor)', 또는 '부패(corruption)'의 두 가지 측면에서 바라보았다. 몇몇 학자는 '제이칭뉴'를 보다 '부패'에 가까운 것으로 간주한 반면(예. DaMatta, 1986), 또 다른 학자는 이를 남에게 불이익을 끼칠 의도가 없는, 보다 '호의'에 가까운 것으로 보았다(예. Motta & Alcadipani, 1999). 따라서, '제이칭뉴'에 대한 일반적인 평가도 서로 혼재된 모습을 보인다. 예를 들어, 혹자는 이를 사회, 경제발전의 해악으로 간주한 반면, 또 다른 혹자는 이를 브라질 사회 내 창조성과 결속의 주된 원인 가운데 하나로 간주했다. 이러한 서로 다른 주장의 절충점으로 Rega(2000)은 이러한 '제이칭뉴'의 서로 상반되는 속성이 '태만'에서 '위반', 그리고 '부정부패', 더 나아가 최종적으로 '면책'까지 이어지는 악순환의 고리로 작용한다고 주장했다(그림 2 참조).

이러한 선행 연구 결과는 '제이칭뉴'가 개념적 차원에서 상당히 범위가 넓은 편이며, 여러 가지 서로 다른 경험적 현상을 동시에 지칭할 가능성이 크다는 점을 강력하게 시사한다. 하지만 이와 관련하여 Barbosa(2006)은 일반 브라질 시민을 대상으로 약 200건의 심층 인터뷰를 진행한 결과, 브라질에서 '제이칭뉴', '호의', 그리고 '부패'는 서로 구분되어 사용된다는 결론을 얻은 바 있다. 다시 말해, 브라질에서 '호의'은 일반적으로 상호주의(reciprocity)를 전제로 하며 - 즉, 다른 사람의 '호의'를 입은 사람은 이를 반드시 되돌려줄 책임을 느끼게 되며 - 보통 서로 잘 알고 있는 사람 사이에서만 이루어지며, 공식적인 차원에서 이루어지며, 고의적으로 규정 및 규범을 어기고자 하는 의도가 없는 반면, '제이칭뉴'는 기본적으로 이러한 상호주의적 관계가 불분명하며 - 따라서, 심지어 전혀 모르는 사람에게도 활용될 수 있으며 - 항상 규정 및 규범의 위반을 수반하며, 비공식적인 차원에서 이루어지는 것으로 이해된다는 것이다. 반면, '부패'의 경우, 큰 규모의 물질적인, 혹은 금전상의 이득을 수반하는 반면, '제이칭뉴'는 보통 이러한 이득의 규모가 상대적으로 훨씬 적은 것으로 이해되는 경향을 보인다.

이와 비슷한 맥락에서, Almeida(2007)은 총 19개의 서로 다른 사회적 관계를 묘사하는 가상의 시나리오를 작성한 후 실험 참가자에게 각각의 시나리오가 '제이칭뉴', '호의', 그리고 '부패' 가운데 어디에 해당하는지 물어보았다. 연구 결과, 다음의 시나리오는 일반적으로 '제이칭뉴'에 가까운 것으로 구분되었다: 1) 매우 붐비는 음식점에서 다음 방문 시 줄을 기다리지 않고 곧바로 자리를 안내받아 식사하기 위해 종업원에게 팁을 후하게 주는 경우, 2) 은행 직원이 이미 줄 서 있는 고객을 무시하고 자신이 아는 사람의 일 처리를 먼저 해주는 경우, 3) 병원의 의사를 개인적으로 이미 잘 알고 있어서 굳이 기다리지 않고 먼저 진료를 받는 경우, 4) 정부 기관에서 친척이 근무하는 관계로 다른 사람보다 더 빨리 정부 융자를 받는 경우 등. 반면, 다음의 시나리오는 일반적으로 부패로 구분되었다: 1) 학자금 대출을 받으면서 동시에 직장에 다니는 경우, 2) 공공 배전망에서 불법적으로 전기를 훔쳐 쓰는 경우, 3) 두 개의 직업을 가지고 있지만, 실제로 출근은 한 군데만 하는 경우 등. 그리고 마지막으로 다음과 같은 경우는 보통 '호의'로 구분되었다: 1) 줄을 서 차례를 기다리고 있는 와중에 갑자기 볼일이 생겨 앞 사람에게 부탁하고 잠시 자리를 비우는 경우, 2) 계산대에서 물건을 적게 산 고객의 물건을 (이미 앞에서 누군가가 자신의 차례를 기다리고 있음에도 불구하고) 먼저 계산해 주는 경우 등. 다시 말해, '제이칭뉴'는 긍정적 차원의 '호의'와 부정적 차원의 '부패' 중간 '회색 지대' 어딘가에 놓여 있다고 볼 수 있으며, 따라서 지금까지 논의를 간단하게 정리하면 <그림 3>과 같다.

물론, 위에서 소개한 몇몇 선행 연구 결과는 적어도 개념적 차원에서 이를 구분하는 것이 어느 정도 가능하다는 사실을 보여주고 있다. 하지만 동시에 '제이칭뉴'를 다루는 거의 모든 선행 연구는 특히 이를 실생활에서 명확하게 구분하기가 쉽지 않다는 데 강하게 동의하고 있다. 예를 들어, 최근 연구 가운데 하나인 Rodrigues et al.(2011)의 연구 결과를 살펴보면 인터뷰 참여자 가운데 약 반수는 '제이칭뉴'를 부정적인 것으로, 나머지 반수는 이를 긍정적이거나, 또는 상황에 따라 긍정적일 수도, 또는 부정적일 수도 있다고 응답했다. 이는 아마도 행위 그 자체, 또는 행위에 따른 결과가 가질 수 있는 평가적 차원의 모호함, 또는 자기위주편향(self-serving bias) - 즉, 자신의 행위가 분명 "부패'에 가까운 것임에도 불구하고 주관적 차원에서 이러한 부정적인 측면의 중요성을 애써 축소하는 것 - 등과 같은 심리적 메커니즘의 결과로 판단된다.

3.2.2. '제이칭뉴'의 역사 및 문화적 배경

이미 위에서 잠시 살펴본 바와 같이 공공 규칙 또는 규범을 파괴, 회피하고 '편법'을 통해 사적인 목적을 달성하는 '제이칭뉴'와 같은 행위는 어느 정도의 차이는 있을 수 있지만 브라질뿐만 아니라 심지어 선진국을 포함, 거의 모든 사회에서 쉽게 관찰할 수 있다. 하지만 '제이칭뉴'가 특히 흥미로운 점 가운데 하나는 'jeitinho brasileiro'라는 표현을 통해 확인할 수 있는 바와 같이, 이것이 사회적 지위 또는 교육 수준 등을 막론하고 대다수 브라질인에게 '당연한 것'으로 널리 받아들여지고 있으며 따라서 이들의 보편적인 문화적 가치관을 이해하는 데 있어서 매우 유용한 출발점이 될 수 있기 때문이다. 다시 말해, 이는 '제이칭뉴'가 브라질인의 일반적인 심리 및 행동 특성을 이해하는데 매우 중요한 '키워드'가 될 수 있음을 의미한다(Amado & Brasil, 1991).

대부분의 선행 연구는 '제이칭뉴'의 기원을 과거 식민지 시대부터 시작된 브라질의 사회 형성 과정에서 찾을 수 있다고 기술하고 있다. 예를 들어, 임두빈(2013)은 역사적 관점에서 브라질에서 '제이칭뉴'가 성행하기 시작한 가장 주된 원인을 식민지 시대(1500~1808)부터 형성된 사탕수수 농장 지주와 원주민 간 권위주의적인 가부장적 사회관계, 그리고 이후 공화제 초기(1889~1930) 형성된 '꼬로넬 체제' - 지방 정치 수장과 지역 시민 간 후원-수혜 관계 - 에서 찾을 수 있다고 설명했다. 임두빈의 표현을 빌리면, "브라질 사회의 형성에서 공통적으로 나타나는 것은 그 어떤 정비된 '제도'나 '규범'을 통해서가 아닌 '후원-수혜'의 관계와 '억압적인 권위주의'가 애매하게 섞인 '가부장제'를 통해서였고…… (이러한) '가부장적' 사회관계에 기인한 브라질 문화의 한 특징으로 사회 제반적인 문제들을 처리하는데 있어 '이성'을 통해서가 아니라 '애증'이라는 감정을 통하는 성향이 형성되었다"(p. 66~67). 또한 이러한 맥락에서 그는, "(브라질의 사회 체제는) 전통사회와 근대사회 사이의 전이사회, 즉 프리즘적 사회라는 이질 혼합적인 사회의 행태를 띠고 있어 형식과 실제 간에 불일치를 보이는 관료제적 '형식주의'의 특징을 보여준다"(p. 59)고 설명한다. 다시 말해, '제이칭뉴'는 브라질 사회 체제의 후진성, 즉 이베리아 반도에서 건너온 권위주의적이고, 온정주의적이며, 배타주의적이고, 임시 방편적인 과거 식민지 시대 사회 체제가 이후 다양한 근대화 노력에도 불구하고 크게 변하지 않고 지금까지 내려오면서 굳어져 버린 형식과 실제 간 지나친 괴리에서 그 근원을 찾을 수 있으며, 이러한 사회 환경 속에서 개개인은 문제 해결을 위해 공식적인 법 제도에 의지하기보다 비공식적인 인간관계를 활용, 이를 스스로 '알아서' 해결하는 경향을 보인다는 것이다.

이러한 역사적 배경과 관련하여 대다수 '제이칭뉴' 관련 선행 연구는 브라질인에게 익숙한 두 가지 문화적 정서, 즉 브라질인 특유의 1) 타인에게 항상 상냥하고 친절하며 너그러운 태도(intimismo), 그리고 2) 다른 어떠한 종류의 제도적 관계 - 예를 들어, 내가 속한 국가, 조직, 또는 집단과 나와의 관계 - 보다 자기 자신 그리고 자신의 가족을 배타적으로 중시하는 (브라질의 인류학자 Roberto DaMatta는 이를 '집'과 '거리'라는 은유적 표현으로 묘사) '개인화된 집단주의' 성향이 '제이칭뉴'의 근간을 이룬다고 주장했다(Durate, 2011; Ferreira et al., 2012; Rodrigues et al, 2011). 이미 위에서 언급한 바와 같이 브라질 역사학자 Holanda(1995)는 자신의 저서 'Raízes do Brasil'(브라질의 뿌리; Roots of Brazil)에서 이를 각각 1) 'o homem cordial' (the cordial man) 그리고 2) 'personalismo'(personalism; 관계지향주의)로 지칭한 바 있다.

"The cordial man", 즉 브라질인 특유의 '친밀함(cordiality)'은 식민지 시대 지

주와 노예가 사탕수수 농장에서 오랜 기간 공동체를 구성, 함께 모여 살면서 자연스럽게 형성된 마치 '혈맹'과 비슷한 공생 관계에서 비롯되었다고 보는 시각이 지배적이다. 처음 만나는 사람에게도 처음부터 살갑게 신체 접촉과 더불어 따뜻한 말을 건네는 브라질인의 이러한 친밀함은 브라질의 대표적인 문화적 '아이콘' 가운데 하나로 이미 전 세계에 널리 알려졌으며, 브라질을 방문하는 외국인에게 이는 보통 매우 매력적인 모습으로 비치는 경우가 대부분이다. 예를 들어, Page(1995)는 자신의 저서 "The Brazilians"에서 브라질인의 특성을 다음과 같이 묘사하고 있다: "Brazilian charm, they radiate pleasantness, gentleness, and sweetness; they extended abundant hospitality, especially to foreigners" (p. 9). 마찬가지로, 한국에서 출판된 브라질 관련 일반 서적에서 브라질인은 대부분 항상 즐겁고 낭만적이며 인생을 '제대로' 즐기는 낙천적인 사람으로 묘사되곤 한다. 하지만 이처럼 인간관계에서 개인적인 '친밀함'이 무엇보다도 중시된다는 사실은 동시에 다양한 사회적 상황에서 이성보다 감정에 따른 일 처리가 이루어질 가능성이 크며, 결과적으로 사적 영역이 공적 영역을 쉽게 침범할 수 있다는 의미도 함께 내포한다. 이는 왜 '매력' 또는 '공감'을 통해 상대방을 설득하는 - 예를 들어, 환한 미소, 부드러운 목소리 등 - 대인 관계 기술이 '제이칭뉴'를 통해 문제를 해결함에 있어서 특히 중요한지에 대한 좋은 설명이 될 수 있을 것이다. 다시 말해, 브라질인은 기본적으로 모든 사회적 관계를 공적 차원이 아닌 '나' 그리고 '내 가족' 중심의 사적 차원에서 생각하는 경향이 강하며, 따라서 자신을 둘러싼 모든 사회적 관계에서 갈등을 최대한 회피하고 '개인화'된 관계를 통해 자신이 원하는 바를 획득하는 것을 당연시한다는 것이다.

마찬가지로, 'personalismo', 즉 '관계지향주의' - 김윤호 · 정홍준 · 김동원(2013)은 이를 '인물주의'로 번역 - 개념도 이와 비슷한 맥락에서 이해할 수 있다. 이는 자기 자신 또는 자신이 속한 가족의 이익을 목적으로 사적인 관계를 '활용'하는 능력을 중시하는 태도를 의미한다(Duarte, 2011). Holanda는 이를 '가족이 국가를 침략했다'고 표현한 바 있다. 다시 말해, 과거 지주-노예 간 복잡한 애증 관계를 바탕으로 형성된 소위 '인간미 넘치는' 식민지 시대 사회 체제, 그리고 법, 제도 등과 같은 기계적인 사회 법칙을 중심으로 형성된 '인간미 없는' 근대 사회 체제가 근대화 과정에서 서로 애매하게 뒤섞이면서 브라질 사회 체제는 '실제'

와 '형식'이 분리되는 소위 '이원적 사회 체제(dual social system)'의 모습을 띠게 되었다는 것이다. 이는 왜 브라질 사회 체제가 지나치게 관료주의적인 모습을 보이는지, 그리고 왜 이에 대한 해결책으로 '제이칭뉴'가 브라질 사회 전반에 걸쳐 성행하는지에 대한 좋은 설명이 될 수 있을 것이다.

3.3. Barros & Prates(1996)의 '새로운 브라질 문화 해석 모형'

Barros & Prates(1996)은 지금까지 위에서 소개된 각종 브라질 문화 관련 선행 연구를 체계적으로 정리, 이를 바탕으로 소위 '새로운 브라질 문화 해석 모형(Um Novo Modelo de Interpretação da Cultura Brasileira)'을 구성한 후 이를 자신의 저서 'O Estilo Brasileriro de Administrar'에서 자세하게 소개한 바 있다. 해당 모형의 구체적인 내용을 살펴보면 다음과 같다.

<그림 4> 새로운 브라질 문화 해석 모형 I

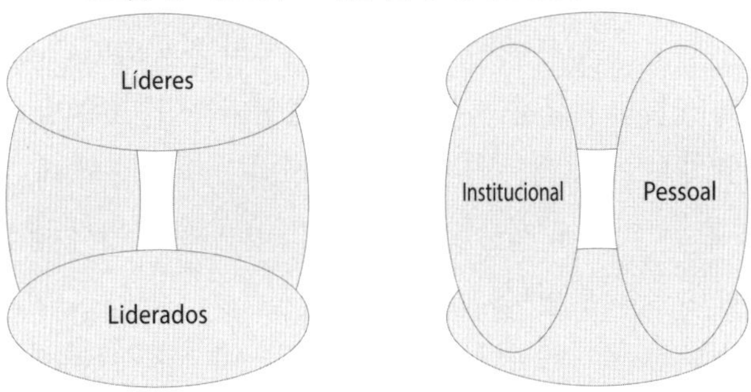

이들은 먼저 브라질 문화를 구성하는 기본 하위체제(subsistemas)로 다음과 같은 네 가지, 즉 1) 제도(o institucional), 2) 인간(o pessoal), 3) 지배 계층(líderes) 그리고 4) 피지배 계층(liderados)을 꼽았다. 여기서 1) 제도(o institucional) 그리고 2) 인간(o pessoal)은 각각 Roberto DaMatta의 '거리(a rua)' 그리고 '집(a casa)'과 일치한다. 더불어 3) 지배 계층(líderes) 그리고 4) liderados(피지배 계층)은 각각 브라질 사회 내 '힘을 가진 자(nos que detém poder)' 그리고 '힘이 없는 자(nos subordinados ao poder)'를 의미한다. 이를 도식화하면 <그림 4>와 같다.

<그림 5> 새로운 브라질 문화 해석 모형 II

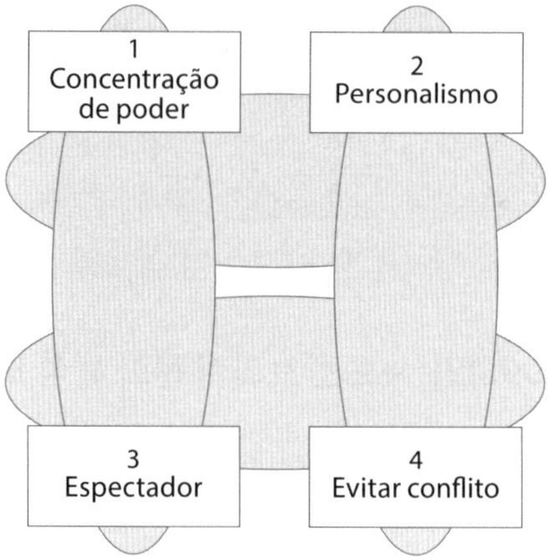

<그림 5>에서 확인할 수 있는 바와 같이 이들 네 가지 기본 하위체제는 네 가지 구역에서 서로 중첩되는 모습을 보인다. 이처럼 서로 다른 두 하위체제가 중첩되는 경우 해당 구역에서 이들 두 하위체제의 문화적 특성이 동시에 나타나는 새로운 하위체제가 형성된다. 구체적으로 이들 새로운 하위체제는 1) '지배 계층'과 '제도'가 겹치는 부분에서 형성되는 권력의 집중화(concentração de poder), 2) '지배 계층'과 '인간'이 겹치는 부분에서 형성되는 인격주의(personalismo), 3) '피지배 계층'과 '제도'가 겹치는 부분에서 형성되는 방관자적 태도(espectador) 그리고 마지막으로 4) '피지배 계층'과 '인간'이 겹치는 부분에서 형성되는 갈등 회피(evitar conflito) 등을 포함한다(그림 5 참조).

더 나아가, 이들 네 구역에 위치한 하위체제는 네 가지 브라질 고유의 문화적 특성을 통해 개별적으로 표현됨과 동시에 서로 유기적으로 결합한다. 이처럼 서로 다른 특성을 가진 하위체제를 하나로 묶음으로써 브라질 사회를 결속, 유지하는 역할을 하는 네 가지 문화적 특성은 1) 온정주의(o paternalismo), 2) 인물주의(a lealdade às pessoas), 3) 형식주의(o formalismo) 그리고 마지막으로 4) 융통성(a flexibilidade) 등을 포함한다(그림 6 참고). 최종적으로 위에서 언급된 모든 구성요소를 모두 결합하면 <그림 7>과 같다. 최종 모형을 기준으로 세부 사항을 설명하면 다음과 같다.

<그림 6> 새로운 브라질 문화 해석 모형 III

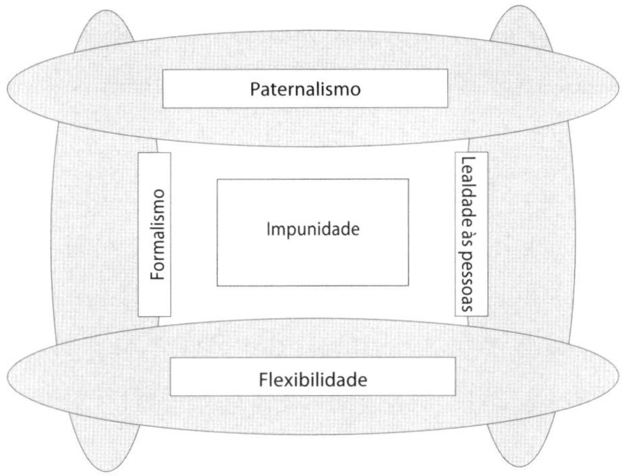

먼저, 최종 모형의 상단을 차지하는 세 가지 구성요소, 즉 1) 권력의 집중화(concentração de poder), 2) 인격주의(personalismo) 그리고 이를 연결하는 3) 온정주의(o paternalismo)는 브라질 내 '힘을 가진 자'의 문화적 특성을 나타낸다. 브라질 문화는 기본적으로 지배와 복종 논리, 즉 '힘을 가진 자'는 '힘이 없는 자'를 지배하고 '힘이 없는 자'는 이에 복종하는 것이 당연시되는 편이며, 이는 자연스럽게 권력의 집중화로 이어진다. 사회적 차원에서 이는 진정한 의미의 시민 권력이 브라질 내 아직 존재하지 않음을 의미한다. 더불어, 이러한 '힘을 가진 자'의 의사결정은 일반적으로 공적인 차원보다 사적인 차원, 즉 자신 또는 친인척 및 친구 등 자신과 가까운 사람의 개인적인 이해관계에 크게 좌우되는 모습을 보이는데 - 즉, 인격주의 - 이는 독립적인 개인으로서 자신보다 특정 집단의 일원으로서 자신을 훨씬 중시하는 브라질 문화의 특징에 기인한다.

이러한 '힘을 가진 자'의 두 가지 서로 다른 문화적 특성이 서로 결합하는 경우, 이는 온정주의로 이어진다. 온정주의에서 '힘을 가진 자'와 '힘이 없는 자' 간 관계는 마치 아버지와 아들 간 관계에 비견할 수 있다. 아버지는 아들을 항상 지지하고 애정을 보내지만, 동시에 이들 사이에는 분명 엄격한 상하관계가 존재한다. 이러한 맥락에서 '힘이 없는 자'는 정치인 또는 경영자 등 '힘을 가진 자'의 권력에 어떠한 의문도 제기하지 않지만 동시에 이들이 단지 '엄격한' 지도자가 아닌 마치 '아버지'와 같은 역할을 맡아 주기를 기대하게 된다. 결과적으로,

브라질 사회에서 '관계의 논리'는 매우 중요한 역할을 차지하며 브라질인은 소위 'amigos do homen', 즉 개인화된 관계의 확장을 통해 사회적 자본(예. 신뢰 관계 또는 협력적 네트워크 등)의 형성을 추구하는 모습을 보인다.

둘째로, 최종 모형의 좌측을 차지하는 네 가지 구성요소, 즉 1) 권력의 집중화(concentração de poder)와 2) 방관자적 태도(espectador) 그리고 이를 연결하는 3) 형식주의(o formalismo) 와 4) 면책(impunidade)은 브라질 사회 내 제도적 차원의 문화적 특성을 나타낸다. 먼저, 방관자적 태도는 비판적 의식이 거의 없고 따라서 변화를 위해 무엇을 하고자 노력하는 것이 아닌 주어진 환경에 순응하고 결과적으로 모든 '어려운 것'을 '힘을 가진 자'에게 떠넘기는 '힘이 없는 자'의 운명론적 태도를 의미한다. 비록 큰 폭의 자유가 주어지는 경우에도 이들은 자신이 무엇을 원하는지 구체적으로 알지 못하며, 따라서 외부의 권위에 운명을 맡기고 수동적으로 복종하는 모습을 보인다. 이들에게 가장 중요한 것은 현재 상황(status quo)을 유지하는 것이며, 따라서 주어진 일 이상은 절대 하지 않으며 필요 이상의 책임을 지는 행동은 될 수 있는 대로 회피하는 성향을 보인다.

반면, 형식주의는 이러한 브라질 내 '힘이 없는 자'의 방관자적 태도와 '힘을 가진 자'의 권력의 집중화를 중재하는 역할을 한다. 다시 말해, 전자는 최대한 적은 노력으로 이처럼 방관자적 태도를 보이는 후자를 통제하고 이를 통해 사회 내 불확실성을 줄이고자 형식주의에 집착하는 모습을 보인다는 것이다. 이

<그림 7> 새로운 브라질 문화 해석 모형IV: 최종 모형

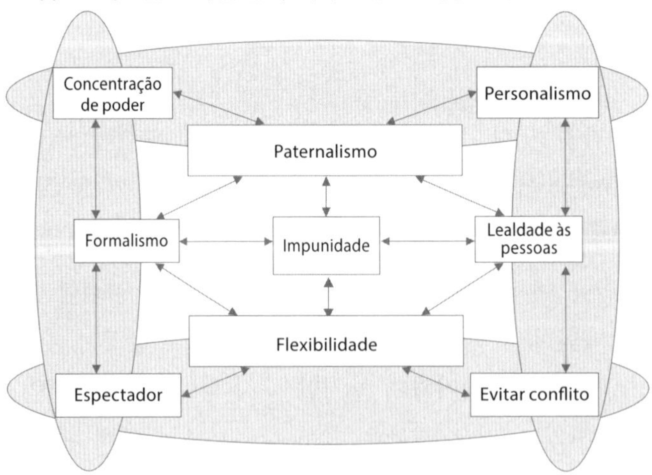

는 법 제도의 내용과 실제 적용이 서로 분리되는 - 즉, 법 제도는 매우 엄격하지만, 실제 적용 과정에서 많은 문제점을 드러내는 - 결과로 이어진다. 다시 말해, 표면적으로 브라질인은 법 제도를 중시하는 것처럼 보이지만 실제 행위 시 이는 크게 왜곡되어 나타난다는 것이다. 마지막으로 면책은 법 제도 차원에서 합법적인 과정을 통해 '힘을 가진 자'가 자신과 가까운 사람의 경우 이기적인 - 즉, '팔이 안으로 굽는' - 의사결정을 내리는 것을 어느 정도 이해하고 용인하는 사회적 분위기를 지칭한다. 즉, 브라질인은 일반적으로 나와 가까운 사람에게는 매우 관대한 태도를 보이는 반면, 타인에게는 엄격한 법 제도를 적용하는 것을 당연시하는 모습을 보인다.

셋째로, 최종 모형의 우측을 차지하는 세 가지 구성요소, 즉 1) 인격주의(personalismo), 2) 갈등 회피(evitar conflito) 그리고 이를 연결하는 3) 인물주의(a lealdade às pessoas)는 브라질 사회 내 인간적 차원의 문화적 특성 - 주로 안정 및 통합을 강조 - 을 나타낸다. 먼저, 인물주의는 형식주의와 대칭점에 놓여 있는 개념이다. 기본적으로, 형식주의는 '엄격한' 법 제도의 확립을 통해 사회질서를 유지하고자 하는 브라질 사회의 공식적 측면에서 나타나는 문화적 특성을 지칭하는 반면, 인물주의는 사회 구성원의 개인적 매력을 통해 자연스럽게 형성된 연결망이 사회적 안정으로 이어지는 브라질 사회의 비공식적 측면에서 나타나는 문화적 특성을 지칭한다. 브라질인은 일반적으로 자신이 속한 조직 또는 집단 내 다른 사람으로부터(예. 리더) 개인적 매력을 느끼는 경우 강한 조직 또는 집단 소속감을 느끼는 편이다. 반면, 해당 조직 또는 집단이 이들에게 제공할 수 있는 '매력적인' 일 또는 높은 자부심 - 예를 들어, 대기업 종업원이 중소기업 종업원보다 상대적으로 높은 자부심을 느끼는 것 - 등이 사회적 응집력에 미치는 영향은 상대적으로 적은 편이다. 결과적으로 브라질 사회에서 개인적 매력은 매우 높은 가치를 가지며, '힘을 가진 자'는 자신의 영향력을 높이기 위해 이를 적극적으로 활용, '힘이 없는 자'로부터 지지를 호소할 수 있다(물론, 반대의 경우도 가능하다).

갈등 회피는 타인과 감정적으로 대립, 적을 만드는 것을 기피하고 심지어 어쩔 수 없는 경우에도 어떻게든 '중간 어딘가'의 해결책을 제시함으로써 갈등을 최대한 회피하는 것을 선호하는 브라질 특유의 문화적 성향을 지칭한다. 이는 기본적으로 사회적 관계 속에서 화합, 기쁨, 즐거움 등을 추구하는 브라질인의 독특한 문화적 성향에 기인한다. 이러한 맥락에서 브라질인은 구체적인 목표를 정하고 이를 달성하기 위해 경쟁적으로 노력하는 것을 그다지 '달갑지 않게' 보는 편인데, 이러한 사고방식은 승자와 패자 간 뚜렷한 구분으로 이어질 수밖에 없으며, 결과적으로 조화와 안정을 중시하는 '브라질적' 문제해결 방식이 될 수 없기 때문이다.

마지막 넷째로, 최종 모형의 하단을 차지하는 세 가지 구성요소, 즉 1) 방관자적 태도(espectador), 2) 갈등 회피(evitar conflito) 그리고 이를 연결하는 3) 융통성(a flexibilidade)은 브라질 사회 내 '힘이 없는 자'의 문화적 특성을 나타낸다. 여기서 융통성이란 조직 또는 집단 내 계층 간 차이가 매우 뚜렷한 상황에서 동시에 인간적 관계를 통해 화합과 안정을 추구함으로써 결과적으로 계급과 평등의 공존을 모색하는 브라질인의 속성을 의미한다. 특히, '제이칭뉴'는 이를 가능케 하는 중요한 문화적 장치로 작용하며, 이는 이미 위에서 설명한 바와 같이 이는 때에 따라 부정부패로 이어질 수도, 또는 반대로 창의적인 문제 해결로 이어질 수도 있다. 결과적으로, 최종 모델은 Roberto DaMatta가 언급한 '브라질 딜레마'를 다양한 차원에서 도식화하여 보여주고 있으며, 이를 정리하면 <표 16>과 같다.

<표 16> 새로운 브라질 문화 해석 모형: 요약

하위체제	문화적 특성	브라질 사회
	personalismo	개인주의보다 집단에 속하는 것을 중시
dos líderes	paternalismo	권력 관계에 기초하여 당사자 간 의존 관계를 형성한 후 이를 통해 조직 또는 집단 내 사회적 자본을 형성
	concentração de poder	지배와 복종에 기반
	formalismo	실제 행동과 법 제도 간 차이가 존재
institucional	impunidade	내집단에 속한 사람의 부정에 관대한 태도
	espectador	먼저 주도적으로 무엇을 하지 않으려 하고 성취 욕구가 낮으며 '힘이 있는 자'에게 모든 것을 떠넘기려고 하는 태도
dos liderados	flexibilidade	뚜렷한 계급 차이 속에서 평등을 모색
	evitar conflito	'중간 어딘가의' 해결책을 제시함으로써 갈등을 최대한 회피하는 성향
pessoal	lealdade às pessoas	개인적 매력을 바탕으로 사회적 응집력을 형성
	personalismo	개인주의보다 집단에 속하는 것을 중시

04
브라질 진출 기업 내 조직 및 인사관리 애로점과 브라질 경영 스타일

학습내용:

- 브라질에 진출한 기업이 현지에서 경험하는 다양한 조직 및 인사관리 관련 애로점이 무엇인지 파악한다.
- 이러한 애로점이 나타나는 근본 원인으로 브라질 경영 스타일의 특징을 분석한다.
- 문화적 차이를 극복하고 성공적으로 브라질에 안착한 기업의 사례를 살펴보고 브라질에 진출한 한국 기업의 관점에서 이들 사례가 시사하는 바를 고찰한다

본 장에서는 지금까지 위에서 소개된 브라질 문화의 특징이 외국계 기업의 브라질 현지 자회사 내 조직 및 인사관리에 미치는 영향을 구체적으로 분석하는 것을 목적으로 한다. 이러한 맥락에서 본 장은 먼저 이들 기업이 현지에서 실제로 경험하고 있는 인력 관리상의 애로점에는 무엇이 있는지 살펴보고 이를 특히 브라질 경영 스타일의 관점에서 논하고자 한다. 마지막으로 본 장은 이러한 애로점을 효과적으로 극복한 실제 브라질 기업 사례를 소개하고 이를 분석한다.

4.1. 브라질 진출 기업 내 조직 및 인사관리 관련 애로점

브라질에 진출한 한국 기업 가운데 상당수는 현지 노무관리의 어려움을 호소한 바 있다. KOTRA는 2006년 브라질에 진출한 모든 한국 기업 총 37개사를 대상으로 - 2016년 기준 브라질 진출 한국 업체 수는 1인 주재원 기업을 포

함, 약 70개사 이상으로 추정됨 - 현지 경영실태를 묻는 설문조사를 한 바 있다(KOTRA, 2006). 총 21개사가 설문조사에 응했으며, 분석 결과를 살펴보면 다음과 같다. 먼저, 이들 기업 가운데 대부분은 신규시장 개척을 목적으로 브라질에 진출했으며 브라질 시장 진출 단계에서 가장 큰 애로점으로 '브라질 코스트' 관련 문제 - 예를 들어, 복잡한 조세제도와 세관 및 통관정책, 비효율적인 관료주의 관행 등 - 및 브라질 시장에 대한 정보 부족 등을 꼽았다. 반면, 경영 및 운영 단계에서는 현지인 고용 및 인사관리 문제와 인프라 부족 등이 꼽혔는데 특히 인력 관리상의 애로사항으로 책임의식 부족(15), 근로자들의 안일한 근무 태도(13), 작업능력 부족(7), 연장근무 기피 성향(5), 낮은 애사심 및 소속감 결여(5), 지나친 평등주의 의식(3), 협동의식 결핍(2), 의사소통 곤란(1) 등이 꼽혔다(괄호 안은 응답 수; 복수 응답 허용). <참고 15>는 현지 노무관리의 어려움과 관련하여 2011년 연합뉴스 기사 내용을 소개하고 있다.

참고 15 '韓기업 브라질 진출 최대 난제는 노무관리'

브라질에 진출한 우리 기업들에 가장 큰 난제 가운데 하나는 노무관리인 것으로 지적됐다. (2011년 12월) 6일(현지시간) 상파울루 주 캄피나스 시내 한 호텔에서는 브라질리아 주재 대사관(대사 최경림) 주관으로 '캄피나스 자원통상투자협의회'가 열렸다. 이날 협의회에는 캄피나스 시에 공장을 둔 삼성전자와 인근 피라시카바 시에 공장을 건설 중인 현대자동차 등 업체 대표 30여 명이 참석했다. 참석자들은 하나같이 노무관리의 어려움을 털어놓았다. 브라질 진출 초기 단계에서 노무관리와 세금 문제로 특히 많은 어려움을 겪는다는 사실을 들어 철저한 사전교육과 대응책 마련이 시급하다고 강조했다. 최근 수년간 브라질에 대한 투자진출이 급증하면서 브라질 국민이 한국과 한국 기업에 대해 가진 이미지에 대해 진지한 평가가 이루어져야 한다는 주문도 나왔다. 참석자들은 "브라질 주민들이 한국인과 한국 기업의 행동을 주시하고 있다"면서 "브라질 사회가 한국에 대해 어떤 시각을 가졌는지 한 번쯤 점검해볼 단계"라고 입을 모았다. 이날 행사에서는 브라질 대형 법무법인의 변호사가 '브라질 노무관리 방안'이라는 제목으로 한국과 브라질의 기업문화 차이에서 발생할 수 있는 노무관리상의 분쟁 요인에 관해 주제발표를 했다. 최 대사는 "우리나라의 무역액이 1조 달러를 달성해 세계 7위에 올랐고, 브라질과도 통상·투자가 계속 늘어날 것이 확실하다"면서 "앞으로 우리 기업들이 브라질에 성공적으로 진출할 수 있도록 법률적 측면에서도 지원을 아끼지 않을 것"이라고 말했다

(출처: 연합뉴스)

이러한 인력 관리상의 애로점은 특히 브라질 내 중국계 및 한국계 기업에서 가장 두드러지게 나타나는 것으로 보이지만(참고 7) 이는 비단 이들 기업만의 문제는 아닌 것으로 보인다. 브라질 비즈니스 관련 정보를 인터넷에서 제공하는 'The Brazilian Business'는 브라질에서 가장 흔히 발생하는 비즈니스 문제로 다음과 같은 7가지, 즉 1) 높은 이직률, 2) 세금, 3) 관료주의, 4) 업무 지체와 높은 결근율, 5) 낮은 교육 수준과 전문 인력 부족, 6) 지나치게 비싼 복리후생 비용, 그리고 마지막으로 7) 잦은 휴일 등을 꼽은 바 있다. 이들 문제 가운데 적어도 1), 4), 5), 6) 등은 - 특히 1)과 4) - 한국 기업이 현지에서 경험하고 있는 인력 관리상의 애로점과 큰 차이가 없다는 점에서 이는 사실상 브라질 내 만연한 일반적인 문제로 보아도 크게 무리는 없을 것이다. 다만 중국 및 한국 기업에서 이러한 애로점이 유난히 두드러지게 나타났을 개연성은 - 아직 실증적 증거는 없지만 - 충분히 존재한다.

비록 소수지만 브라질인 관리자의 특성을 외국인 관리자의 특성과 비교한 몇몇 실증 연구도 위의 주장을 뒷받침한다. 예를 들어, O'Keefe & O'Keefe(2004)는 Geert Hofstede의 문화적 차원을 바탕으로 미국인과 브라질인 간 뚜렷한 갈등이 나타날 것으로 예상되는 비즈니스 행위를 추린 후, 수 년간에 걸친 심층 인터뷰 및 직접 관찰 등을 통해 이를 검증했다. 최종 연구 결과는 <표 16>과 같다(O'Keefe & O'Keffe, 2004, p. 621). 해당 연구는 비록 미국인 관리자와 브라질인 관리자의 행동 차이와 이에 대한 서로의 인식을 비교한 연구지만 한국인 관리자의 관점에서도 충분히 수긍할 수 있는 부분이 있다는 점은 흥미롭다. 특히, KOTRA의 설문조사 결과를 고려하면, 한국인 관리자의 관점에서 브라질 종업원의 행동은 이들의 연구 결과와 마찬가지로 매우 부정적으로 비칠 가능성이 크다.

또한, Kuchinke et al.(2010)의 연구는 미국인, 브라질인 그리고 한국인 중간관리자의 일에 대한 태도를 설문조사를 통해 실증적으로 비교, 검증했다는 점에서 눈여겨볼 만하다. 7점 척도로 측정된 일의 중요성을 묻는 항목에서 브라질인 응답자(139명)의 점수(평균 5.38)는 한국인(411명, 평균 5.84) 및 미국인 응답자(174명, 평균 5.76)보다 상대적으로 낮았다. 이와 더불어 또한 흥미로운 결과는 업무 스트레스 관련 결과이다. 이들은 업무 스트레스를 총 세 가지 종류, 즉 1) 조직 내 갈등, 2) 과다한 업무량 그리고 3) 불확실성에 따른 스트레스로 구분하여 측정했는데, 브라질인 응답자의 경우 순서대로 7점 만점에 3.26점, 3.68점 그리고 4.58점으로 나타났지만, 한국인 응답자는 4.09점, 5.53점, 4.12점 그리고 미국인 응답자는 3.74점, 4.95점, 3.75점으로 나타났다. 다시 말해, 브라질인 응답자의 경우 조직 내 갈등 또는 과도한 업무량에 따른 스트레스는 한국인 또는 미국인 응답자보다 상대적으로 낮지만, 불확실성에 따른 스트레스는 매우 높았음을 의미한다. 이러한 결과는 위에서 소개된 Barros & Prates(1996)의 브라질 문화 모형을 통해 상당 부분 설명될 수 있을 것이다. 예를 들어, 조직 내 화합을 중시하고 공적 영역과 사적 영역을 뚜렷하게 구분하지 않는 - 따라서 조직 내 모호성이 높은 - 브라질 문화의 특징은 이러한 설문조사 결과를 효과적으로 설명할 수 있는 좋은 이론적 배경을 제공한다. 다만 해당 연구는 오직 MBA 과정 참가자를 대상으로 설문조사가 시행되었다는 점에서 일반화가 다소 곤란한 측면이 있다.

마지막 예로, 1989년 브라질의 비영리 경영자 교육 단체인 Fundação Dom Cabral의 조사 결과를 꼽을 수 있을 것이다. 조사 결과를 따르면 브라질 기업의 일반적인 경영 방식은 다음과 같은 것으로 나타났다(Amado & Brasil, 1991, p. 40).

1) 브라질 기업은 단기 이익에 집중하는 편이며 위기 해결을 중시한다.
2) 장기 전략이 부재하거나 또는 중기 전술 및 단기 운영 전략과 충돌한다.
3) 모든 의사결정은 조직 상층부에서 이루어지며 의사결정의 책임과 권한은 완전히 분리되는 모습을 보인다.
4) 조직 구조는 지나치게 수직적이며 하위 부서는 통합되지 않고 서로 나눠지는 모습을 보인다.
5) 통제 메커니즘은 부분적으로 징벌적이며 후속 조치는 불규칙적으로 이루어지고 이는 피드백과 분리되는 경향을 보인다.
6) 협상은 일반적으로 승자가 패배하고 패자가 승리하는 환경에서 진행되며 양자 사이의 실제 갈등은 공개적으로 논의되지 않는다. 부하 직원의 경우 '바람직한' 태도가 중시되는 편이며 더불어 이들은 상급자 앞에서 '듣기 좋은' 말만 하는 편이다.

<표 16> O'Keefe & O'Keffe(2004)의 미국과 브라질의 비즈니스 행위 비교

Hofstede의 문화적 차원	브라질 관리자의 행동	자신의 행동에 대한 브라질 관리자의 인식	브라질인 관리자의 행동에 대한 미국인 관리자의 인식	미국인 관리자의 행동	자신의 행동에 대한 미국인 관리자의 인식	미국인 관리자의 행동에 대한 브라질 관리자의 인식
권력거리	상급자에게 책임 떠넘기기	지위에 대한 존경	자신의 의견을 올바로 주장하지 못하는 약한 모습	매우 분명하고 투명	평등주의	예의 없음
브라질: 높음	조직 내 지위에 따른 안정 추구	"너는 누구인가?"를 중시	인적자원의 비효율적 활용	해당 업무에 가장 적절한 인물을 선정	최종 결과를 중시	무례함
미국: 낮음	직급에 따라 차별되는 메시지를 전달	효과적인 의사소통	비효율적인 의사소통	직급에 상관없이 같은 메시지를 전달	모든 종업원을 공평하게 다룸	신중하지 못함, 함께 일하기 어려움
개인주의: 미국	집단적 의사결정	부하 직원에 대한 배려	어려운 결정을 내리기 힘듦	목표에 집중	자율경영 (empowered)	자기중심적, 탐욕스러움, 이기주의적
집단주의: 브라질	간접적으로 성과 관리	사회적 통제의 효과적 활용	문제 회피	성과 문제를 직접적으로 관리	효과적인 갈등 관리	피할 수 없는 갈등 유발
남성주의	엄격한 업무 규정	부하 직원에 대한 배려	비용 증가, 비효율적	유연한 채용과 해고	경쟁력 강화	배려 부족
브라질: 중간	가족 구성원을 고용	회사에 더욱 많은 기여	정실주의, 부정부패	요건을 갖춘 최선의 인물을 선정	회사의 성공을 보장	바보 같음
미국: 높음	시간을 유연하게 사용	살기 위해 일함, 관계를 강조	시간과 자원의 낭비	열심히 일함, 일에 집중	희소한 자원의 효과적 활용	둔감함, 고집셈
불확실성 회피	여러 방법을 고려, 의사결정 지연	섣불리 행동하지 않음, 위험 관리	마땅히 해야 할 일을 하지 않음	최선의 방법에 집중	뚜렷한 목표에 집중	시야가 좁음, 상상력 부족
브라질: 강함	'제이칭뉴'의 활용	과정 강조	지나치게 회피적	업무와 스케줄 관리	긍정적인 결과 강조	지나치게 긍정적, 순진함
미국 낮음	비즈니스와 사적 관계 간 구분이 모호	관계 형성	비즈니스에 집중하지 못하고 시간을 허비	비즈니스에 집중	효율적, 경쟁우위 창출	신뢰 관계가 형성되지 못함

(출처: O'Keefe & O'Keefe, 2004, p. 621)

7) 관리자는 자신의 업무 범위를 정확하게 파악하는 것이 매우 힘든 편인데, 이는 이들에게 적절치 못하게 주어진 권한이 징벌적 통제 메커니즘과 연결되면서 관리자가 굳이 위험을 감수하려 하지 않는 분위기를 형성하며 따라서 문제가 발생하는 경우 이를 위로 떠넘기려 하기 때문이다.
8) 브라질 기업의 경영 방식은 겉으로 참여를 매우 중시하는 것처럼 보이지만 사실상 이는 권위주의적이고 동시에 자애로운 이중적인 모습을 보인다. 따라서 말과 실제 행동이 분리되는 모습을 보인다.

전반적으로 브라질 기업 경영 방식의 부정적인 측면이 매우 강조된 이러한 조사 결과는 마찬가지로 상당 부분 3장에서 논의된 브라질의 문화적 특성과 긴밀하게 연결되는 모습을 보인다(예. 1과 2는 Sérgio Buarque de Holanda의 '탐험가적 기질'과 유사). 반면, 해당 조사는 비교적 예전에 이루어졌으므로 결과 해석 시 이에 대한 충분한 고려가 필요할 것이다.

물론, 이러한 연구 결과가 모든 브라질 기업에 똑같이 적용 가능할 것으로 판단하는 것은 곤란하다. 모든 기업의 조직문화는 서로 다르며 경우에 따라 매우 큰 편차를 보이는 것도 사실이다. 하지만 위에서 소개된 각종 연구 결과가 대부분 비슷한 결과를 보여주고 있다는 점은 브라질에 진출한 외국계 기업의 관점에서 이러한 브라질 기업의 '독특한' 경영 방식이 실제 업무 시 충분히 고려될 필요가 있다는 점을 강력하게 시사한다. 다시 말해, 특히 브라질에 진출한 외국계 기업의 관리자가 브라질 문화를 충분히 이해하지 못한 상태에서 조직을 관리하는 경우 이는 많은 부분에서 불필요한 갈등을 촉발할 수 있으며, 이는 결과적으로 경영 성과에 부정적인 영향을 미칠 수 있다는 것이다.

4.2. 브라질 기업의 경영 스타일

지금까지 위에서 언급된 각종 조직 및 인사관리 관련 애로점은 상당 부분 브라질 기업의 경영 스타일이 외국계 기업의 경영 스타일과 서로 충돌하면서 나타나는 문화적 갈등으로 이해할 수 있을 것이다. 이와 관련하여 몇몇 선행 연구는 브라질 기업의 경영 스타일을 자세하게 들여다보기 시작했다. 이와 관련하여 가장 널리 알려진 연구는 아마도 위에서 소개된 바 있는 Barros & Prates(1996)의 연구일 것이다. 이들은 3장에서 소개된 문화 모형을 바탕으로 브라질 기업의 경영 스타일을 분야별로 구분, 기술한 바 있다. 이를 소개하면 다음과 같다.

전략 수립 과정

대부분의 브라질 기업은 일반적으로 기업 내 - 특히, 조직 상층부에 - 공식적인 기업 전략 수립 체계를 갖추고 있다. 하지만 실제 전략 수립은 비공식적인 과정을 통해 이루어지는 편이며, 특히 경영자 본인 또는 경영자와 가까운 누군가의 개인적인 직감에 크게 좌우되는 모습을 보인다. 조직 내 전략적 결정이 한 개인에 의해 이루어지며 조직 하부는 이러한 의사결정을 수동적으로 받아들인다는 점에서 이는 '인격주의'가 전략 수립 과정 전반에 큰 영향을 미치는 것으로 이해할 수 있을 것이다. 또한, 이러한 전략 수립 과정은 결과적으로 경영자의 권력을 강화하는 쪽으로 이어지는 경향을 보이는데 이는 기본적으로 경영자가 조직의 미래 방향을 조직 구성원에게 뚜렷하게 공개하거나 설명하지 않기 때문이다. 이는 조직 내 불확실성을 증가시키며 조직 구성원은 이러한 상황에서 개인적인 사내 네트워크를 통해 각종 정보를 수집, 이를 이해, 예측하려고 노력한다. 여기서 '형식주의'는 경영자와 종업원 간 관계를 안정시킴으로써 불확실성을 감소시키는 효과를 가져온다.

외부 비즈니스 환경이 급격하게 변화하는 경우 브라질 기업은 전략적 차원에서 이를 극복하기 위한 장기적 차원의 방안에 집중하기보다 보통 방관자적 자세를 취하는 경향을 보인다. 예를 들어, 경기침체 시 대부분의 브라질 기업은

'좀 어떻게 될지 더 두고 보자'는 자세를 취한다는 것이다. 이와 동시에 이들은 지금까지 해오던 모든 것을 깨끗하게 잊고 제도적 차원에서 '융통성'을 최대한 발휘, '오늘의 생존'에 집중한다. 브라질 기업은 이 경우 최대한 위험을 회피하고자 지속해서 단기 계획을 재검토하는 모습을 보인다. 이러한 브라질 문화의 특징은 결과적으로 '진정한' 의미의 전략 경영을 실천하는데 커다란 장애물로 작용하며, 지나치게 단기 성과만을 강조하는 결과로 이어진다.

의사결정 과정

브라질 기업 내 의사결정 과정에서 가장 두드러지는 현상은 책임을 남에게 떠넘기는 '게임'이 빈번하게 발생한다는 것이다. 이는 1) 조직 상층부로 책임 떠넘기기와 2) 조직 하층부로 책임 떠넘기기로 나누어 볼 수 있다.

브라질 문화의 권위주의적 특성을 고려하면 누가 의사결정을 내릴 수 있는 권한을 갖는지는 사실상 꽤 명확한 편이다. 하지만 누가 의사결정 내용을 실천할 것인지는 보통 불명확하다. 이와 관련하여 부하 직원이 상사에게 책임을 떠넘기는 행위는 '온정주의'를 통해 형성된 상사와 부하 직원 간 의존 관계 그리고 부하의 '방관자적 태도'에 기인하는 바가 크다. 이와 같은 상황에서 상사는 필연적으로 부하 직원의 게으름 및 능력 부족 등과 같은 문제가 의사결정 내용의 실천을 지나치게 지연시킬 가능성을 걱정할 수밖에 없으며, 따라서 부하 직원을 더욱 엄격하게 통제할 필요성을 강하게 느끼게 된다. 결과적으로, 이는 상사의 부하 직원에 대한 지배력이 강화되고 부하 직원은 계속해서 방관자적 태도를 유지하는 악순환으로 이어진다. 이러한 맥락에서 의사결정 권한을 조직 하부에 이양하는 것은 매우 어려운 편인데, 이는 특히 부하 직원의 잘못된 의사결정에 대한 상사의 태도가 보통 징벌적인 경향을 보이기 때문이다.

반대로, 때에 따라 상사는 부하 직원에게 책임을 떠넘길 수 있다. 이는 보통 상사가 의사결정 내용의 이행 방법과 관련하여 구체적인 지시를 내리지 않고 부하 직원의 관점에서 상당 부분 주관적 해석을 요구하는 일반적인 지침만을 제시하는 경우 나타난다. 이 또한 브라질 문화의 '인격주의' 특성으로 말미암아 나타나는 현상으로 이해할 수 있을 것이다. 브라질 조직 내 복잡한 행정규칙을 고려하면 이처럼 부하 직원에게 높은 자율성이 주어지는 현상은 다소 의외일 수 있으나 이는 경영학계에서 종종 논의되는 진정한 의미의 '자율경영팀'과는 구별되어야 할 것이다. 즉, 이러한 행정규칙은 보통 브라질 문화의 대표적인 특징 가운데 하나인 '형식주의'에 입각, 보통 실제 현장에서 벌어지는 경영 활동을 제대로 반영하지 못하는 경우가 많으며, 따라서 실제로 부하 직원은 업무 진행 과정에서 상당 부분 '융통성'을 발휘할 수밖에 없게 된다. 이러한 측면에서 실제 의사결정 내용과 실행은 보통 서로 뚜렷하게 분리되는 경향을 보이며, 이와 관련하여 책임 소재가 명확하지 않기 때문에 '면책'이 자주 이루어진다.

의사결정 과정에서 조직 내 갈등이 두드러지는 경우는 거의 없는 편인데 이는 관계를 우선시하는 브라질인의 문화적 특성 - '갈등 회피' - 에서 비롯한다. 다시 말해, 브라질인은 의사결정 상황에서 문제 자체의 해결에 집중하기보다 조직의 화합에 더 신경 쓰는 모습을 보인다는 것이다. 따라서 실제 의사결정이 이루어지기 전에 여러 비공식적 만남 등을 통해 조직 내 어느 정도 '조율'이 이루어지는 것은 매우 흔한 편이다.

리더십 과정

브라질 리더십 과정에서 가장 두드러지는 점 가운데 하나는 리더의 동기부여가 보통 조직 목표의 달성에 따른 만족감에 있지 않고 자신의 권력을 유지하는 데 있다는 점이다. '온정주의'적 가치가 중시됨에 따라 브라질에서 리더는 마치 아버지와 아들 간 관계와 마찬가지로 부하를 보호해야 할 심리적 의무를 지게 되며, 따라서 리더와 부하 간 관계가 깨진다는 것은 보통 도덕적 맥락에서 리더가 실패했음을 의미한다.

결과적으로, 브라질 기업에서 리더의 권위는 매우 두드러지며 이러한 권력의 불평등 현상이 조직 내 널리 용인되는 편이다. 따라서 리더는 자신의 권력을 상당 부분 '마음껏' 누릴 수 있다. 이와 동시에 역설적으로 조직 구성원의 경영 참여에 대한 요구도 매우 강한 편인데, 이는 사실상 진정한 의미의 '경영 참여', 즉 의사결정 과정에서 권한과 책임을 명확히 하는 것을 요구하는 것이 아닌, 리더와의 활발한 커뮤니케이션을 원하는 측면이 훨씬 강하다. 이러한 맥락에서, 브라질에서 리더십을 유지하는 가장 중요한 요인은 높은 피라미드 형태의 수직적 조직 구조와 더불어 부하의 리더에 대한 충성심을 꼽을 수 있을 것이다.

집단 응집 과정

집단 응집이란 집단 구성원이 한 뜻으로 뭉쳐 집단 전체의 목표를 달성하기 위해 서로 협력하는 일련의 사회적 과정을 의미한다. 브라질 기업에서 집단 응집은 주로 '인물주의', 즉 개인의 매력을 바탕으로 형성되는 리더십을 중심으로 이루어진다. 결과적으로 이는 개인적인 공감 또는 친분 등을 바탕으로 형성된 사적 차원의 관계가 조직 내 공적 차원의 관계와 애매하게 뒤섞일 가능성이 크다는 것을 의미한다. 파티는 집단 응집을 향상하기 위해 브라질 기업이 가장 빈번하게 사용하는 방법 가운데 하나이다. 특히, 파티에서 리더와 부하 간 심리적 거리는 매우 가까워지는 편이며, 이는 사적 관계의 형성으로 이어진다.

집단 응집과 관련하여 '인물주의'가 절대적인 영향을 미치는 브라질의 문화적 특성상 이는 경우에 따라 조직 내 서로 다른 이해 관계를 가지는 수많은 비공식 집단의 '난립'으로 이어질 수 있다. 하지만 이러한 비공식적집단 간 갈등이 조직 내 공개적 차원에서 논의되는 경우는 거의 없다. 대부분의 경우 이러한 갈등은 제삼자의 중재를 통해 해결되는 편이며 때로는 그 해결이 무기한 연기되기도 한다.

혁신과 조직변화 과정

브라질인의 강한 '갈등 회피' 성향은 조직 내 다양한 제약 조건이 주어진 상황에서 이를 극복하고 창의성을 발휘, 문제를 새로운 방식으로 해결하는 것을 촉진하는 경향이 있다. 다시 말해, 브라질인 종업원은 조직 구조 및 조직 구성원의 권한 및 책임을 건드리지 않고 조직 내 '불필요한' 마찰을 일으키지 않으면서 동시에 실용적 차원에서 문제를 효과적으로 해결할 방법을 찾아내기 위해 다양한 노력을 한다는 것이다. 브라질인은 자신의 이러한 창의성과 관련하여 강한 자부심을 느끼는 편이다. 이는 브라질인의 미래 불확실성에 대한 주관적 평가에 상당한 영향을 미치는 편이다. 이러한 자신의 창의성에 대한 (지나치게) 높은 믿음으로 말미암아 브라질 기업의 경영 스타일은 일반적으로 문제가 닥치면 이를 임기응변식으로 해결하는, 즉 즉흥적인 경향을 보인다.

이러한 성향으로 말미암아 브라질인 종업원 가운데 상당수는 혁신적인 아이디어를 가지고 있는 경우가 많지만 동시에 방관자적 태도로 말미암아 이들은 상사로부터 분명한 지시를 받지 않는 이상 자신의 아이디어 실현을 위해 노력하는 모습은 찾아보기 힘들다. 대부분 종업원은 굳이 자신의 아이디어 실현을 위해 불필요한 위험을 지려고 하지 않으며 특히 의사결정 권한과 책임의 범위가 불분명한 브라질 조직의 특성은 이러한 현상을 부채질한다.

전략적 차원에서 대부분의 브라질 기업은 혁신을 추구하는 것이 아닌, 반대로 위험 부담 정도가 낮은 투자에 집중함으로써 성장률이 낮더라도 될 수 있는 대로 안정을 추구하는 경향을 보인다. 또한, 브라질 기업의 높은 유연성은 특히 위기 시 높은 수준의 혁신으로 이어지기도 한다. 이러한 맥락에서 위기는 변화 과정을 촉진하는 역할을 한다. 반면, 지속적인 혁신을 위해 브라질 기업은 '면책'에 따른 경영이 아닌 제대로 된 피드백이 주어지는 성과평가 시스템이 정착되어야 할 것이다.

동기부여 과정

브라질 문화의 특징 가운데 하나인 '면책'과 권력의 불평등한 분배로 말미암아 발생하는 조직 내 비효율적 측면은 고성과자에게 충분한 보상이 주어지지 않는다는 점과 더불어 브라질 종업원의 동기부여에 부정적인 영향을 미치며, 자유방임적인 분위기를 형성한다. 이미 위에서 언급한 바와 같이 브라질인에게 있어서 집단 소속감은 심리적 차원에서 매우 중요한 역할을 하며, 특히 집단에 속함으로써 매우 높은 만족감을 느끼는 경우 이들은 높은 수준의 동기부여로 이어질 수 있다.

브라질 기업 내 가부장적 문화는 경우에 따라 종업원이 기업에 특히 사내 교육과 관련하여 '지나친' 요구를 하는 것을 당연한 것으로 여기게끔 만들 수 있다. 하지만 브라질 기업에서 교육은 보통 선순환이 아닌 악순환으로 이어지는 편인데, 즉 기업은 종업원의 방관자적 태도를 문제삼아 교육에 대한 투자를 망설이는 반면, 종업원은 이러한 기업의 태도로 말미암아 자신의 능력을 개발하는 것을 더욱 등한시하기 때문이다.

4.3. 브라질 내 효과적인 조직관리 – Natura 사례

혹자는 지금까지 위에서 기술된 브라질 경영 스타일이 부정적인 면을 지나치게 많이 가지고 있으며 결과적으로 이는 경영 성과에 일관되게 악영향을 미칠 것으로 미루어 짐작할 수 있다. 특히, 미국식 합리적 경영 스타일을 소위 '선진경영기업'으로 인식하는 경향이 강한 한국인의 관점에서 브라질 경영 스타일은 '후진적인' 요소가 여전히 많이 남아있는 것으로 인식될 가능성이 크다. 하지만 문화상대주의[9]가 주장하는 바와 같은 맥락에서 브라질의 경영 스타일은 브라질의 고유한 환경 속에서 일종의 '최선책' 또는 적어도 '차선책'으로 그 나름의 가치를 가지고 있다고 보는 것이 타당하며, 따라서 이는 잘못된 - 따라서, 앞으로 꼭 고쳐져야 할 - '악습'이 아닌 적어도 일차적으로 이해의 대상이 될 필요가 있을 것이다. 이러한 맥락에서 브라질 경영 스타일이 선순환적으로 작동하는, 따라서 성과에 긍정적인 영향을 미친 사례를 살펴보는 것은 특히 흥미로울 것이다. 본 장에서는 특히 브라질 화장품 기업 Natura 사례를 중심으로 브라질 경영 스타일의 가능성을 살펴보고자 한다.

---

9) 문화는 결코 절대적 기준에 따라 이해될 수 없으며 모든 문화는 이를 둘러싼 고유한 역사적 또는 사회적 맥락 속에서 이해되어야 한다고 보는 관점. 이러한 주장을 따르면 한 문화는 다른 문화보다 우월하다고 볼 수 없다.

4.3.1. Natura 사례[10)]

배경

Natura는 1969년 Antônio Luiz Seabra에 의해 설립된 브라질 화장품 회사이다. 당시 브라질 정부는 수입대체정책을 적극적으로 추진하고 있었으며 이에 따라 Natura는 브라질 시장에서 외국계 기업과의 경쟁에 노출되지 않고 고급 브랜드의 지위를 확고히 한 채 높은 성장세를 유지할 수 있었다. 하지만 1990년대 수입대체정책이 폐지됨과 동시에 Avon, P&G, Unilever, L'Oreal 등 여러 다국적기업이 브라질 화장품 시장에 진출하기 시작하면서 산업 내 경쟁 강도가 매우 높아졌다. 이러한 상황에서 Natura는 생존을 위해 자사 제품의 질 및 혁신 수준 등을 세계 수준에 맞게 크게 높임과 동시에 제품 다각화를 통해 다국적기업의 공세에 맞설 필요가 있었다.

이를 위해 다양한 노력을 기울인 결과, 1998년 Natura는 Avon에 이어 브라질 화장품 시장에서 매출액 기준 2위를 차지할 수 있었다. 특히, 중저가 화장품 시장에 집중한 Avon과 달리 Natura는 고급 화장품 시장에서 브라질 소비자에게 널리 인정을 받기 시작했는데, 이러한 성공은 당시 여러 애널리스트가 'Natura의 마법'이라고 부르는 등 브라질 내 학계 및 실무계로부터 많은 주목을 받았다. Natura가 이처럼 어려운 환경에서 높은 수익을 올릴 수 있었던 원인을 특히 조직관리 차원에서 정리하면 다음과 같다.

Natura의 경쟁우위의 원천

1) 관계 중심적 영업 활동

Natura의 창업주이자 CEO인 Seabra는 창업 초기부터 가치 중심적 기업을 만들고자 노력했으며, 이 과정에서 기업 안팎에서 발생하는 관계를 중시하는 분위기는 기업의 여러 측면 - 예를 들어, 제품 자체, 교육 프로그램, 종업원 간

10) 본 장은 Tanure & Durate(2005)의 사례연구를 요약한 것이다.

관계 등 - 에 커다란 영향을 미쳤다. Sebra 본인도 관계의 중요성을 여러 번 강조한 바 있으며, 이는 특히 그가 종업원 및 영업직 사원을 대하는 태도에서 잘 드러난다. 그는 개인적으로 모든 관리자의 생일을 직접 챙겼으며 종업원과의 관계에서 격식을 차리지 않고 항상 편안하게 대했다. 이러한 종업원에 대한 그의 태도는 회사 내 수많은 이야깃거리를 만들었으며 결과적으로 Natura 조직문화 형성에 결정적인 영향을 미쳤는데, 아래 인터뷰 결과는 그 예를 잘 보여준다:

> "(Manoel Luiz, IT Manager, Natura) Why am I working here!?... I have never seen a company like this one, never. The treatment of all the people, the truth with which we work throughout the chain: with our suppliers, our employees and our resellers. It is everything, treatment, truth, payment, benefits, the vision, the mission. … To give you one example, this year our founder-president is living in London, and the 6th of March was my birthday. I went away for the weekend, and when I arrived there was a message from him from London: 'I am very sorry I haven't met you but I'm calling to say happy birthday, happy new year of life.' It is very different - in the hospital I had to call people by Mr. Dr. to have some respect, this is not the way that I show respect. These are not the relationships I want in my life. (Tanure & Durate, 2005, p. 2209)"

본사 사무실 공간 배치의 경우도 마찬가지로 조직 내 연대감 형성을 목적으로 직급 간 차별을 두지 않았다. 또한, 최고경영자부터 말단직원까지 모두가 같은 식당에서 같은 밥을 먹으며 주차장도 함께 쓰는 등 연대감 형성에 부정적인 영향을 미칠 수 있는 불필요한 권위주의적 요소를 최대한 제거했다. 영업 활동과 관련하여 Natura는 처음부터 지금까지 방문판매 영업 전략을 고수하고 있다. 약 30만 명의 '컨설턴트'로 불리는 Natura의 판매사원은 Natura가 가지는 경쟁우위의 중요한 원천으로 작용한다. 이들은 브라질 중상류층에 접근하여 고급 화장품을 팔 수 있는 관계망을 가지고 있으며 회사는 이들을 위해 충분한 교육과 업계 최고 수준의 보상을 약속한다. 보통 중상류층의 경우 방문판매를 그다지 달가워하지 않는다는 점을 고려하면 Natura 판매 전략의 성공은 매우 이례적이다. 이 과정에서 영업기획자의 역할도 언급할 필요가 있다. 이들은 매 21일마다 자신이 관리하는 판매사원과 함께 'Natura Meeting'을 가지는데 여기서 지속적인 판매 교육과 충원이 이루어진다. 모임의 분위기는 파티를 연상케 하며 교육 외에도 다양한 성과 및 근속 축하 파티 등이 이루어진다.

판매는 철저하게 '컨설턴트'와 고객 간 개인화된 친밀한 관계를 중심으로 이루어진다. 이들 '컨설턴트'는 고객과의 신뢰 관계 구축을 위해 다양한 교육을 받으며 고객에게 맞춤형 서비스를 제공한다. 이는 Natura 고객의 높은 브랜드 충성도로 이어진다. 비슷한 맥락에서 영업기획자와 '컨설턴트' 간 관계에서도 친밀함이 매우 강조되는데 약 250~300명의 '컨설턴트'를 관리하는 영업기획자는 정기적으로 자신 또는 '컨설턴트'의 자택에서 개인적인 만남을 가지고 업무 외 이야기를 나누면서 인간 대 인간으로서 서로를 알아가는 과정을 가진다. 또한, 거의 모든 회사에서 영업기획자의 급여는 매출액과 연동되는 반면, Natura에서 이는 자신이 관리하는 '컨설턴트'의 이직률과 연동된다. 영업기획자에게 제공되는 교육도 다양한 편이다. 입사 시 교육 외 이들은 2년에 한 번씩 약 7주일에 걸쳐 선임 영업기획자가 진행하는 본사 교육을 받아야 하며 이 과정에서 영업기획자 간 관계 형성 및 정보 교환이 이루어진다.

2) 조직 내 권력 집중 현상을 경쟁력으로 승화

조직 내 관계가 중시되는 분위기로 말미암아 전사적 차원의 의사결정은 창업자인 Antônio Luiz Seabra를 포함, 대표이사 세 명 - 나머지 2명은 Guilherme Leal과 Pedro Passos - 의 합의를 거쳐 이루어진다. 이들 간 의사결정 과정은 매우 즉흥적이고 격식에 얽매이지 않는 모습을 보인다. 때에 따라 회의는 복도에서 우연히 마주친 후 이루어질 수도 있으며 물론 의견이 서로 갈릴 수도 있다. 하지만 서로 간 의견 충돌이 개인 차원의 불화로 이어지지는 않는다.

3명의 대표이사 외 중요한 최종 의사결정기구로서 10명의 이사로 구성된 'The Natura Strategy Planning Committee'도 한 달에 두 번씩 정기적으로 회의를 한다. 여기서 결정된 의사결정 - 주로, 기능 전략 위주 - 은 모든 종업원에게 전달되며 3개월에 한 번씩 대표이사는 96명의 중간관리자 및 하위관리자와 모임을 열고 직접 현장의 목소리를 듣는다. 이러한 과정을 통해 Natura 종업원은 기업이 추구하는 핵심가치를 학습하게 된다.

의사결정과 관련하여 엄격한 규칙은 존재하지 않는다. 몇몇 문제의 경우 - 예를 들어, 조직구조 변화 등 - 조직 내 광범위한 동의가 필요할 수도 있으며, 이 경우 교착 상태가 발생할 수 있다. 예를 들어, 생산과 유통을 분리하는 작업은 조직 내 뚜렷한 의견 차로 말미암아 1년 이상 지체된 바 있다. 하지만 때때로 의사결정은 매우 일방적으로 이루어질 수도 있다. 예를 들어, 조직 내 SAP 도입은 대표이사 가운데 한명인 Passos의 일방적인 의사결정으로 이루어졌으며 Leal은 이러한 의사결정을 신문을 통해 알게 된 경우도 있다.

3) 유연성을 통한 가치 창조

Natura에서 중간관리자는 높은 수준의 자율성을 가지고 있으며, 이를 바탕으로 업무 진행 시 상당 부분 '융통성'을 발휘할 수 있다. 예를 들어, 연간 성과급의 경우 절반은 기업 전체 매출액 그리고 나머지 절반은 종업원이 속한 개별 부서의 목표 달성 여부를 바탕으로 결정된다. 연간 성과급 결정 과정에서 중간관리자는 특히 후자, 즉 개별 부서의 목표를 결정할 수 있는 재량권을 가지고 있으며, 따라서 (연간 성과급을 많이 받기 위해) 목표치를 다소 높게 잡는 편이다. 이는 부서 내 동기부여로 이어진다.

이 경우 각 부서 간 서로 다른 목표가 서로 충돌, 경쟁력 하락으로 이어질 수 있는 위험성이 존재한다. 이와 관련하여 매년 9월 모든 중간관리자는 Passos가 책임자로 앉아있는 경영위원회로부터 연간 전략기획서를 받아보게 된다. 이 기획서 안에는 회사가 추구하는 연간 목표가 상세하게 기술되어 있으며 각 부서의 연간 목표는 이러한 전사적 차원의 목표 달성에 기여할 수 있어야 한다. 비슷한 맥락에서 Natura의 고객서비스센터(Natura's customer service hotline, SNAC)도 상당한 재량권을 누리고 있다. 총 40명의 종업원이 한 달에 약 50,000건의 요청을 소화하고 있으며 이들은 자신의 판단에 따라 반품 및 배상, 제품 교환 또는 심지어 부작용 발생 시 의료비 제공 여부 등을 스스로 결정할 수 있다.

4.3.2. 사례 분석

Natura는 경영학계에서 소위 'Best Practice'로 불리는 보통 미국의 각종 경영 기법을 무분별하게 받아들이지 않고 오히려 브라질 문화의 고유한 특성을 경쟁우위의 원천으로 발전시킨 대표적인 사례 가운데 하나로 꼽을 만하다. Natura 사례는 위에서 논의된 브라질 문화의 여러 특징 가운데 특히 세 가지, 즉 1) 권력의 집중화, 2) 개인적 관계의 중시 그리고 3) 융통성이 긍정적인 차원에서 실제 기업 경영에 어떠한 영향을 미칠 수 있는지 잘 보여주고 있다. Natura의 영업 활동은 '컨설턴트'의 관계망을 최대한 활용함으로써 독특한 경쟁우위를 창출할 수 있었으며, 조직 내 영업관리 체계도 이를 보조하는 역할을 충실하게 수행하고 있다(예. 영업기획자와 '컨설턴트' 간 관계). 더불어, 중간관리자와 고객서비스센터에 종사하는 종업원은 높은 수준의 재량권을 가짐으로써 종업원을 효과적으로 동기부여 함과 동시에 민첩한 고객 응대를 가능케 했다. 물론 권력의 집중화를 통한 강한 리더십이 이 모든 것을 가능케 했음은 당연하다 할 수 있을 것이다.

물론, Natura 사례는 방문판매를 중시하는 화장품 회사에서만 제한적으로 나타날 수 있는 매우 예외적인 사례로 치부될 수도 있으며 또한 이러한 경영방식이 항상 모든 환경에서 바람직한 결과로 이어지는 것도 아닐 것이다. 하지만 위에서 서술된 브라질 문화의 특징은 기본적으로 가치 중립적인 것이며 이는 실제 경영 환경에 따라 때로는 경쟁우위 또는 반대로 경쟁열위의 원천으로 작용할 수 있음을 특히 브라질에 진출한 외국계 기업은 진지하게 고려해야 할 것이다.

이러한 맥락에서 브라질 문화에 성공적으로 안착한 한국 기업 사례 가운데 하나로 현대자동차를 꼽을 수 있을 것이다. 현대자동차는 브라질에 진출하면서 새로운 공장 건설에 드는 약 1년 6개월의 시간 동안 노사관계를 안정적으로 가져가기 위해 큰 노력을 기울였다. 김동원(2017)은 현대자동차의 이러한 노력을 총 3단계 과정 - 즉, '선제적인 준비와 노사관계 전략 수립(1단계)', '체계적인 준비(2단계)', '현장수준의 신뢰확보와 노사갈등의 외부화 전략(3단계)' - 으로 구분하여 설명한 바 있다. 이 가운데 특히 눈에 띄는 것은 3단계 과정에서 현지 종업원의 신뢰를 확보하기 위해 시행된 '개별적인 고충상담'이다:

"현대자동차는 가부장적이고 개인 간의 관계를 중시하는 브라질 문화의 특성을 고려하여 회사와 근로자와의 공식·비공식 관계를 긴밀하게 맺을 수 있는 고용 관계 제도들을 도입했다. 예를 들어 개인별 고충처리 상담실인 하모니룸을 설치해 작업과정에서의 고충뿐만 아니라 가족상담, 사회관계 등 개인적인 문제도 상담할 수 있도록 했다. 이를 위해 전문상담사를 고용하여 상시 면담이 가능하도록 자원하였다. 한편 현장수준에서는 불만이나 제안을 쉽게 건의할 수 있는 제안박스를 설치하는 등 직접적인 상담실 이외에도 간접적인 의사소통 채널을 마련하였다. 또한 공장장이 주관하는 라운드테이블 미팅을 운영함으로써 공장운영에 대한 정보를 근로자들과 공유하였으며 식사 장소에서 개인적 관계를 맺어나가는 브라질 문화의 특성을 반영하여 식당인테리어를 고급스럽게 설계하여 공장식당이라는 이미지 대신 고급레스토랑의 분위기가 나도록 특별히 배려하였다." (p. 191)

한국에서 이미 여러 번 심각한 노사 갈등으로 말미암아 많은 문제를 경험한 바 있는 현대자동차는 노조의 힘이 한국보다 훨씬 강한 브라질에 진출하면서 오랜 시간 동안 협력적 노사관계 정립을 위해 여러 노력을 기울였으며 이는 브라질 문화에 대한 깊은 이해 없이는 결코 이루어질 수 없었을 것이다.

2부

국제조직행동론

05
리더십

학습내용:

- 리더십 연구의 전반적인 흐름을 파악한다.
- GLOBE 연구의 이론적 배경을 살펴보고 이를 통해 한국과 브라질의 리더십을 비교한다.
- 온정주의 리더십 관련 연구 동향을 살펴보고 브라질 조직 환경에서 온정주의 리더십이 가지는 의미 및 효과성을 살펴본다.

5.1. 리더십 개념의 정의와 리더십 연구의 흐름

성공적인 조직 관리 및 종업원 동기부여 등과 관련하여 리더십의 중요성은 아무리 강조해도 지나치지 않을 것이다. 효과적인 리더십은 조직 구성원의 역량을 한군데로 모음으로써 조직의 목표를 달성하는데 필수불가결한 요소로 작용하며, 따라서 그만큼 관련 연구도 근 100년 이상 매우 활발하게 이루어진 바 있다. 본 장에서는 관련 학계에서 지금까지 이루어진 리더십 관련 연구의 대략적인 흐름을 큰 줄기에서 간단하게 살펴보고자 한다.

리더십 개념은 매우 다양한 관점에서 정의될 수 있다. Oxford Dictionary of English를 리더십을 다음과 같이 정의하고 있다:

1. The action of leading a group of people or an organization
   A. The state or position of being a leader
   B. The leaders of an organization, country, etc

해당 정의를 따르면 리더십은 기본적으로 집단 및 조직을 이끌기 위해 리더가 취하는 '행동'을 지칭하지만 확장된 정의에서 확인할 수 있는 바와 같이(A와 B) 이는 동시에 리더로서 상태 및 지위 그 자체 또는 리더 본인을 의미하기도 한다. 이와 마찬가지로 리더십 연구도 지금까지 리더십을 다양한 차원, 예를 들어 심리적(예. 리더의 성격 특성), 행동적(예. 효과성이 높은 리더 행동) 또는 상황적(예. 리더십 효과성에 영향을 미치는 각종 상황 변수) 차원에서 살펴본 바 있다.

특성 연구

우리는 위인이 훌륭한 업적을 남길 수 있었던 원인을 보통 범인에게서 찾기 힘든 이들만의 무엇인가 특출한 점(예. 엄청난 노력 또는 범접할 수 없는 천재성)에서 찾는다(the great man theory). 리더십도 이와 비슷한 맥락에서 이해할 수 있을 것이다. 다시 말해, '될성부른 나무는 떡잎부터 알아본다'는 속담과 같이 리더와 리더가 아닌 사람의 특성은 분명 서로 다르며, 리더는 자신의 '특별한' 개인적 특성으로 말미암아 리더가 될 수 있었다는 것이다. 이러한 가정하에 초기 리더십 연구는 주로 리더와 리더가 아닌 사람 간 체계적인 비교를 통해 리더의 고유한 특성을 파악하고 이들 특성이 리더십 효과성에 미치는 영향을 살펴보고자 노력했다(trait approach to leadership). 하지만 이들 연구 결과는 예상과 달리 대체로 실망스러운 편이었다. 이러한 결과가 나타난 원인으로 크게 두 가지를 꼽을 수 있다.

첫째로, 현실에서 조직 내 리더의 임명은 리더의 개인적인 특성 외 수많은 다른 원인으로 말미암아 이루어지며, 따라서 초기 리더십 연구의 기본적인 가정, 즉 '특별한' 특성을 가진 사람이 리더로 선출될 가능성이 높다는 가정은 복잡한 현실을 지나치게 단순화하고 있을 뿐만 아니라, 실제로 이러한 가정이 바르다고 하더라도 이는 현실의 극히 작은 한 부분을 설명할 수 있을 뿐이라는 것이다. 따라서 단순히 리더와 리더가 아닌 사람 간 비교를 통해 리더십의 본질을 파악하는 것은 특히 방법론적 차원에서 심각한 문제를 가질 수밖에 없다. 동시에 이러한 종류의 연구는 리더로 임명된 사람이 처음부터 훌륭한 특성을 갖추고 있었기 때문에 리더가 된 것인지, 아니면 리더로 임명된 후 이를 획득하게 된 것인지에 관해 어떠한 대답도 할 수 없다는 중대한 약점을 가진다. 특히, 후자의 경우, 리더의 자질 자체가 타고난 것이 후천적으로 만들어질 수 있다는 점을 강하게 시사하며, 이는 기본적으로 'the great man theory'의 핵심 논리를 정면으로 반박한다.

<표 17> 리더의 중요한 특성

구분	내용
신체적 특성	활동성, 정력, 외모, 차림새, 키, 몸무게 등
능력	행정 능력, 지능, 판단력, 지식, 기술적 능력, 어휘 구사력 등
성격	성취동기, 야망, 적응력, 공격성, 민첩성, 반권위주의적 성격, 지배성향, 자기제어, 열정, 외향성, 독립성, 주도적, 직관력, 성실성, 객관성, 창의성, 일관성, 인내력, 책임감, 자신감, 유머감각, 스트레스 저항력 등
사회적 특성 (대인관계)	협동심, 대인관계 기술, 민감성, 명예나 인기중시 성향, 사회성, 사회경제적 지위, 다변성(talkativeness), 재치 등

(출처: Jago, 1982, p. 317)

둘째로, 더욱 근본적인 차원에서 혹자는 과연 리더의 특성을 리더십의 '본질'로 간주할 수 있느냐는 질문을 던져볼 수 있을 것이다. 물론, <표 17>에서 제시된 각종 리더의 특성은 리더가 갖춰야 할 여러 자질 가운데 빠질 수 없는 매우 중요한 것임에는 분명하다. 하지만 외모, 키 등과 같은 몇몇 예외적인 경우를 제외하고 이들 가운데 대부분은 - 즉, 리더의 성격, 능력 및 사회적 특성 - 이것이 특정한 행동으로 이어지지 않는 이상 그 자체로는 추종자에게 사실상 어떠한 영향력도 미칠 수 없는 것 또한 사실이다. 다시 말해, 리더십 연구에서 가장 중요한 것은 리더가 추종자에게 미치는 영향력의 '본질'을 구체적으로 이해하는 것이며, 이는 리더의 특성이 아닌 행동을 관찰함으로써 더욱 효과적으로 이루어질 수 있다는 것이다. 물론, 리더의 특성과 효과적인 리더 행동 사이에서는 복잡한 인과관계가 존재할 가능성이 크다. 하지만 방법론적 차원에서 전자보다 후자의 경우 체계적인 관찰이 훨씬 쉽다는 점도 결코 무시할 수 없을 것이다. 이러한 맥락에서 리더십 초기 연구는 마치 어떠한 춤이 일반적으로 '멋진 춤'(효과적인 리더십)으로 인식되는지 파악하기 위해 '춤 자체'(리더 행동)를 살펴보는 것이 아닌 '춤을 추는 사람'(리더의 특성)에 집중하는 것과 비견할 수 있을 것이다. 물론, 춤을 잘 추는 사람 가운데 상당수는 '특별한' 신체 조건을 가지고 있을 가능성이 크다. 하지만 이러한 신체 조건을 가진 사람이 모두 춤을 잘 춘다고 단정하는 것은 지나친 억측이 될 수밖에 없다.

하지만 이론 및 연구방법의 발전과 더불어(예. 5가지 성격 특성 요소의 발견 등) 이후 일부 리더십 연구는 리더의 특성과 리더십 효과 간 의미 있는 상관관계를 찾아내기 시작했으며, 실제로 몇몇 심리적 특성은 리더의 성공 가능성에 매우 결정적인 영향을 미치는 것으로 나타났다. 또한, 실무적 관점에서 특성 연구는 특히 리더에게 요구되는 구체적인 역량(competence)을 제시할 수 있다는 점에서 최근 다시금 주목받고 있기도 하다.

행동 연구

초기 리더십 연구의 실망스러운 결과로 말미암아 이후 대다수 리더십 연구는 당시 학계를 지배하고 있던 행동주의 관점에서 어떠한 리더 행동이 추종자에게 효과적인 리더십으로 비치는지 파악하는 데 주된 관심을 보이기 시작했다(behavioral approaches to leadership). 이들 연구 가운데 특히 자주 언급되는 연구로는 1940년대에 진행된 오하이오 주립대학의 리더십 연구 그리고 이와 비슷한 시기에 진행된 미시간 대학의 연구를 꼽을 수 있다.

오하이오 주립대학 리더십 연구진은 효과적인 리더 행동을 파악하기 위해 조직 구성원을 대상으로 광범위한 인터뷰를 시행, 총 1,790개의 리더 행동을 수집했다. 이후 서로 비슷한 리더 행동을 함께 묶음으로써 그 수를 약 150개로 줄인 후, 이를 바탕으로 소위 LBDQ(Leader Behavior Description Questionnaire)로 불리는 설문 문항을 작성했다(이후 LBDQ는 수정을 거듭하여 LBDQ-XII의 경우 총 문항 수가 150개에서 30개로 줄어듦). 이후 설문조사 결과를 분석함으로써 다양한 리더 행동이 크게 두 가지 차원의 리더십 스타일, 즉 '배려적 행동 유형(consideration)'과 '과업 주도적 행동 유형(initiating structure)'로 나누어질 수 있음을 확인했다. 각각의 행동 유형에 속하는 LBDQ 문항의 예는 다음과 같다:

<표 18> 배려적 행동 유형과 과업 주도적 행동 유형의 예

배려적 행동	과업 주도적 행동
• Being friendly and approachable • Treating all group members as his/her equal • Looking out for the personal welfare of group members • Making him/herself accessible to group members	• Letting group members know what is expected of them • Maintaining definite standards of performance • Scheduling the work to be done • Asking that group members follow standard rules and regulations

<표 18>에서 확인할 수 있는 바와 같이 리더의 배려적 행동은 인간관계 또는 신뢰 등과 같은 인간 중심의 리더십 스타일을 지칭하는 반면, 과업 주도적 행동은 역할 분담, 과업 실행, 조직 구성 등과 같은 과업 중심의 리더십 스타일을 지칭한다. 이후 수많은 연구가 이들 두 가지 리더십 스타일의 효과성을 실증적으로 살펴본 바 있다. 예를 들어, 이들 스타일의 높고 낮음 정도를 구분함으로써 총 4가지 경우의 수를 상정해볼 수 있는데 - 즉, 1) 높은 배려적 행동/높은 과업 주도적 행동, 2) 높은 배려적 행동/낮은 과업 주도적 행동, 3) 낮은 배려적 행동/높은 과업 주도적 행동, 4) 낮은 배려적 행동/낮은 과업 주도적 행동) - 혹자는 1번 스타일의 리더가 나머지 2번, 3번, 4번 스타일의 리더보다 높은 리더십 효과성을 보일 가능성이 크다고 쉽게 예상할 수 있을 것이다. 하지만 이들 연구의 결과도 특성 연구와 마찬가지로 매우 실망스러운 편이었는데(Northouse, 2007) - 즉, 두 가지 스타일 간 뚜렷한 효과성의 차이를 발견할 수 없었음 - 이는 리더 행동 외 다른 추가적인 요소(예. 환경 변수)가 리더십 효과성에 영향을 미친다는 의미로 이해할 수 있을 것이다.

리더 행동 연구와 관련하여 특히 흥미로운 점은 오하이오 주립대학의 연구와 비슷한 시기에 진행된 미시간 대학의 연구도 이와 거의 비슷한 결과를 얻었다는 것이다. 해당 연구도 서로 뚜렷이 구분 가능한 두 가지 리더십 스타일을 발견했는데 미시간 대학 연구진은 이를 각각 '종업원 중심 리더십(employee orientation)' 그리고 '생산 지향적 리더십(production orientation)'으로 명명했다. 이는 각각 오하이오 주립대학 연구의 배려적 리더 행동 그리고 과업 주도적 리더 행동과 정확하게 일치한다. 이후 이들은 해당 연구 결과를 바탕으로 서로 다른 리더십 스타일에 기초한 네 가지 관리체제(system 1~4)를 제안하고 이들 각각의

효과성을 살펴본 바 있다. 이를 간단하게 소개하면 다음과 같다:

시스템 1, 수탁적 권위형(explorative-authoritative style): 시스템 1은 모든 의사결정권이 리더에게 몰려 있으며 종업원의 참여는 허용되지 않는 독재적 리더십을 의미한다. 리더는 부하 직원을 신뢰하지 않으며, 이들을 통제하기 위해 주로 체벌, 공포 등을 사용한다.

시스템 2, 온정적 권위형(benevolent-authoritative style): 시스템 2에서 리더와 부하 직원 간 계급 차이는 분명히 구분되지만, 리더는 부하 직원을 신뢰한다. 아래에서 위로의 커뮤니케이션도 어느 정도 이루어지는 편이며, 리더도 부하 직원의 참여를 유도한다. 리더는 종업원을 통제하기 위해 보상과 처벌을 함께 사용한다.

시스템 3, 협의적 참여형(consultative style): 여기서 리더는 부하 직원을 신뢰하지 않는다. 하지만 의사결정 과정에서 부하 직원의 충고를 귀담아듣는다. 보통, 큰 틀의 의사결정은 리더가 독단적으로 결정하는 반면, 세부적인 의사결정은 부하 직원에게 일임한다. 커뮤니케이션도 쌍방향으로 이루어지는 편이며 이 과정에서 리더는 문제해결을 위해 마치 '컨설턴트'와 같은 태도를 보인다. 시스템 3과 마찬가지로 리더는 통제를 위해 보상과 처벌을 함께 사용한다.

시스템 4, 참여적 집단형(participative leadership style): 여기서 리더는 부하 직원을 완전히 믿고 그들의 능력을 신뢰한다. 리더는 부하 직원에게 항상 그들의 의견을 묻고 이를 건설적으로 활용한다. 리더는 직급에 상관없이 모든 종업원의 참여를 독려하며, 따라서 조직 운영이 한 개인이 아닌 집단 차원에서 이루어진다.

미시간 대학 리더십 연구진은 일반적으로 시스템 3과 4가 1과 2보다 상대적으로 높으며, 특히 참여적 리더십의 효과성이 두드러진다는 사실을 발견했다.

상황 연구

행동주의 리더십 연구는 리더십에 대한 이해를 분명 더욱 깊게 만들었다. 하지만 특히 오하이오 주립대학 연구 결과에서 나타난 바와 같이 이들 연구는 리더십 효과성에 결정적인 영향을 미칠 수 있는 각종 상황 변수를 전혀 고려치 않았다는 점에서 그 한계가 뚜렷한 편이다. 리더 행동이 상황의 변화와 상관없이 항상 같은 효과성을 보일 것으로 생각하는 것은 매우 비현실적인 가정이다. 그렇다면 리더의 배려적 행동과 과업 주도적 행동은 각각 어떠한 상황에서 상대적으로 높은 혹은 낮은 효과성을 보일까? 아마도 창업 초기 벤처기업 CEO에게 요구되는 리더십과 대기업 부장에게 요구되는 리더십은 확연하게 다르지 않을까? 하지만 행동주의 리더십 연구는 이러한 질문에 어떠한 해답도 제시하지 못한다. 이러한 문제 제기와 더불어 70년대 이후 리더십 연구는 서로 다른 환경에서 어떠한 리더 행동이 상대적으로 높은 리더십 효과성을 보이는지 구체적으로 살펴보기 시작했다(contingency theory of leadership).

대표적인 연구로는 Fred Fidler의 상황 모형(contingency model), Paul Hersey와 Ken Blanchard의 상황 리더십 모형(situational leadership model), George Graen의 LMX(leader-member exchange) 이론, Robert J. House의 경로-목표 이론(path-goal theory) 그리고 마지막으로 Victor Vroom, Philip Yetton 및 Arthur Jago의 브룸-이튼 모형(Vroom-Yetton model) 등을 꼽을 수 있다. 이들 연구는 보통 리더십 행동을 2~4가지 범주로 구분한 후(예. 지시형, 설득형, 참여형, 위임형) 대략 다음과 같은 세 가지 종류의 상황 변수, 즉 1) 업무 특성(예. 과업 구조, 과업 수행 절차), 2) 주변의 기대와 행동(예. 리더-구성원 관계, 부하 직원의 성숙도), 3) 조직문화와 정책(예. 직위 권한, 조직 응집력) 등이 리더십 효과성에 어떠한 영향을 미치는지 살펴보았다.

예를 들어, 기업 컨설팅 등과 같이 매번 완전히 다른 성격의 프로젝트를 새로운 부하 직원과 수행해야 하지만, 모든 최종 의사결정 권한을 가지고 있는 리더와 이미 수행 절차가 명확하게 정의된 업무를 같은 부하 직원과 오랫동안 수행한 바 있지만, 업무와 관련하여 최종 의사결정 권한을 갖고 있지 않은 리더에게서 요구되는 리더십은 분명 매우 다를 것이다. 이러한 상황에서 과연 배려적 그리고 과업 주도적 리더 행동 가운데 어떠한 리더 행동이 높은 리더십 효과성으로 이어질 것인지 올바로 판단하기는 쉽지 않다. 위에서 소개된 각종 연구는 바로 이러한 종류의 질문에 대한 해답을 제시하고자 노력했다. 예를 들어, Fred Fidler은 다음과 같은 세 가지 상황 변수, 즉 1) 리더-부하 관계(leader-member relations), 2) 과업 구조화(task structure), 3) 리더의 직위 권한(position power)이 배려적 그리고 과업 주도적 리더 행동의 효과성이 미치는 영향을 살펴보았으며, 그의 연구 결과를 따르면 전자의 경우 - 즉, 나쁜 리더-부하 관계, 낮은 과업 구조화, 높은 리더 직위 권한 - 관계 중심 리더십이, 그리고 후자의 경우 - 즉 좋은 리더-부하 관계, 높은 과업 구조화, 낮은 리더 직위 권한 - 과업 중심 리더십이 더욱 높은 효과성을 보일 가능성이 큰 것으로 나타났다.

비록 상황 이론 리더십 연구는 행동주의 리더십 연구에서 한걸음 진화한 것은 분명하지만, 실제 현장에서 리더가 고려해야 할 상황 변수의 수는 무수히 많을 수밖에 없으며(예. 업무 마감 기한, 상부 후원, 팀워크 등의 유무 여부), 이를 모두 자세하게 살펴보는 것은 사실상 불가능하다. 따라서 이들 상황 연구는 실무적 차원에서 리더에게 뚜렷한 시사점을 제공하는 데 있어서 한계점을 가지고 있는 것으로 평가받고 있다.

거래적/변혁적 리더십

지금까지 위에서 소개된 여러 리더십 연구는 개념적 차원에서 리더와 관리자를 사실상 거의 구분하지 않았다. 하지만 리더와 관리자는 분명 다르다. 일반적으로, 관리자는 주어진 목표를 달성하기 위해 다른 사람을 올바로 관리하고 감독하는 임무를 수행한다(do things right). 이를 위해 관리자는 보통 업무를 세분화하고 조직 내 이를 배분한 후 개인 또는 팀의 실적 달성 여부를 주기적으로 확인한다. 물론, 이 과정에서 관리자는 조직 구성원의 역량을 한 군데 집중하고 주어진 목표를 효과적으로 달성하기 위해 위에서 소개된 다양한 종류의 리더 행동을 취할 수 있다.

하지만 실제로 리더는 관리자와 달리 이미 주어진 목표를 수행하는 것이 아닌 새로운 목표를 제시하는 데 더욱 많은 관심을 가진다(do the right things). 리더의 가장 중요한 역할은 앞으로 조직이 나아가야 할 방향, 즉 비전을 제시하고 이를 이루는 것이다. 이를 위해 리더는 조직 구성원과의 적극적인 의사소통을 통해 비전을 중심으로 이들의 뜻을 하나로 모은다. 이 과정에서 조직 구성원은 리더의 비전 실현을 자신의 목표와 동일시하게 되며, 따라서 심지어 합당한 보상이 주어지지 않는 경우에도 이를 위해 추가적인 노력을 기울이게 된다. 예를 들어, 간디는 모든 사람이 평등주의 가치를 실천할 수 있는 공동체를 인도의 비전으로 제시했으며 자신의 삶을 통해 인도 국민을 설득하고 이들의 마음을 하나로 묶음으로써 대규모 독립운동을 일으킬 수 있었다. 어째서 수많은 인도 국민은 개인적인 불편함을 뒤로하고 간디의 비폭력 불복종 운동에 적극적으로 동참할 수 있었을까? 혹시 이들은 간디의 리더십에 영향을 받아 그가 제시한 인도의 미래상을 내재화하여 마치 자기 일처럼 받아들인 것은 아닐까? 지금까지 논의를 바탕으로 관리자와 리더 간 차이를 정리하면 다음과 같다(Bennis, 1989):

- 관리자는 관리하며 리더는 혁신한다.
- 관리자는 유지하며 리더는 개발한다.
- 관리자는 통제하며 리더는 고취한다.
- 관리자는 단기적 관점에서 바라보며 리더는 장기적 관점에서 바라본다.
- 관리자는 '어떻게' 그리고 '언제'라고 묻지만,
  리더는 '무엇을' 그리고 '왜'라고 묻는다.
- 관리자는 모방하며 리더는 창조한다.
- 관리자는 현상유지를 받아들이지만, 리더는 이를 도전한다.

지금까지 위에서 언급된 여러 리더십 연구는 이와 같이 미래의 새로운 비전을 제시하고 이를 실현하는 '리더'의 역할을 사실상 거의 살펴보지 않았다. 리더의 이러한 측면을 본격적으로 살펴본 가장 대표적인 연구로서 James MacGregor Burn가 제시하고 Bernard M. Bass가 발전시킨 변혁적 리더십(transformational leadership)을 꼽을 수 있다.

변혁적 리더십은 매력적인 비전 제시를 통해 조직 구성원에게 영감을 불러일으킴으로써 이들이 낮은 수준의 외재적(extrinsic) 목표(예. 돈, 명예)가 아닌 더욱 높은 수준의 내재적(intrinsic) 목표(예. 성취감, 자아실현)에 집중할 수 있는 동기를 부여하며, 동시에 이들이 자신의 능력에 자신감을 가지고 비전 실현을 위해 추가적인 노력을 기울이게끔 만드는 리더십을 의미한다. Bernard M. Bass는 변혁적 리더십을 개념적 차원에서 다음과 같은 네 가지 요소로 구분한 후, 각각의 요소를 실증적으로 측정할 수 있는 설문 문항(Multifactor Leadership Questionnaire, MLQ)을 개발했다. 이를 설명하면 다음과 같다:

1) 카리스마적 리더십(idealized influence): 조직 구성원의 자긍심을 불러일으키며, 자신의 권력을 과시하고 높은 자신감을 보이며, 대의를 위해 자신을 희생하거나 새로운 가능성을 위해 싸우며, 의사결정 시 도덕적 또는 윤리적 측면을 중시하며, 혼자가 아닌 함께 임무를 수행하는 것을 강조하는 등 존경의 대상으로서 리더의 '이상적인' 모습을 보인다.
   - MLQ 설문 문항의 예: 개인적 이익을 넘어서 집단 전체의 이익을 생각한다; 다른 사람들로부터 존경을 받을 수 있도록 행동한다; 능력과 자신감을 보인다; 나는 의사결정을 함에 있어 도덕적, 윤리적으로 어떤 결과를 가져올지 생각한다; 공동의 사명감을 느끼는 것을 강조한다 외.
2) 영감적 동기부여(inspirational motivation): 조직 구성원에게 자신의 비전을 설득력 있게 전파한다.
   - MLQ 설문 문항의 예: 미래에 대해 낙관적으로 이야기한다; 어떤 일을 달성해야 하는지에 대하여 열정적으로 이야기한다; 미래에 대한 비전을 설득력 있게 설명한다 외.
3) 개별적 배려(individual consideration): 조직 구성원의 개인적 요구에 관심을 기울이고 이들을 개별적으로 지원한다.
   - MLQ 설문 문항의 예: 부하의 개인적 발전을 위해서 가르치고 지도하는 데 시간을 할애한다; 부하들을 집단의 구성원으로 보다는 하나의 인격체로 대한다; 다른 사람들이 자신의 강점을 개발하도록 도와준다 외.
4) 지적 자극(intellectual stimulation): 리더는 비전을 제시하고 이를 실천함으로써 조직 구성원은 자신이 처한 문제를 더욱 잘 이해할 수 있게 된다.
   - MLQ 설문 문항의 예: 기본 전제나 방향이 부적합하지는 않는지 계속 검토한다; 문제해결에 있어 다각적으로 방안을 모색한다; 과제완수를

위해 새로운 방법을 제안한다 외.

변혁적 리더십 이론이 학계에 소개된 이후로 수많은 후속 연구가 변혁적 리더십의 효과성을 실증적으로 살펴본 바 있으며, 이들 연구 가운데 대다수는 변혁적 리더십의 효과성이 실제로 높다는 사실을 검증하는 데 성공했다. 이는 상황에 따라 관계 및 과업 중심적 리더 행동 가운데 '올바른' 행동을 선택하는 것보다 앞으로 조직이 추구해야 할 미래 비전을 제시하고 실천하는 것이 리더십의 핵심이라는 점을 강하게 시사한다. 앞으로 소개될 GLOBE 연구 결과도 변혁적 리더십이 국가 문화와 상관없이 효과적인 리더십으로 받아들여지고 있음을 확인한 바 있다.

물론, 변혁적 리더십이 리더십의 모든 것을 설명한다고 보긴 힘들다. '리더십'은 사람 간 관계 속에서 형성되는 것이기 때문에 그만큼 복잡할 수밖에 없으며, 따라서 때로는 합리적인 이론으로 설명할 수 없는 예외적인 경우도 충분히 생각해 볼 수 있다(예. 사이비 종교 교주의 리더십). 게다가 특히 요즘과 같이 비전 선포가 난무하는 시대에 혹자는 변혁적 리더십을 또 다른 '유행어' 정도로 치부하면서 상황에 따른 보상 및 처벌을 적절하게 활용하는 것이 '어쭙잖은' 비전을 제시하는 것보다 훨씬 높은 동기부여 효과를 보일 가능성이 크다고 주장할 수 있다. 이러한 주장도 전혀 일리가 없는 것은 아니다. 하지만 이러한 혹자의 지적이 변혁적 리더십의 중요성을 정면으로 부정한다고 보긴 힘들 것이다. 다시 말해, 변혁적 리더십은 결코 만능이 아니며, 때에 따라 오히려 '관리자'의 거래적 리더십(transactional leadership)보다 상대적으로 낮은 효과성을 보일 수도 있지만, 이는 여전히 리더십의 중요한 부분을 차지하고 있으며, 특히 비전을 제시하고 이를 실천하는 것은 문화를 막론하고 매우 중요한 리더의 책임으로 정리할 수 있을 것이다.

5.2. GLOBE(Global Leadership & Organizational Behavior Effectiveness) 리더십 연구

지금까지 위에서 소개된 각종 리더십 이론은 기본적으로 전 세계 어디서나 적용 가능한 보편적 리더십 이론을 추구했다. 하지만 이들 이론 가운데 절대다수는 미국에서 개발되었으며, 따라서 혹자는 미국과 다른 문화적 배경을 가진 국가의 경우 해당 이론이 맞지 않을 수도 있다고 반론을 제기할 수 있을 것이다. 예를 들어, 미시간 대학의 리더십 연구는 참여적 집단형 리더십이 다른 리더십 스타일보다 상대적으로 높은 효과성을 보인다고 주장한 바 있다. 하지만 혹시 미국과 다른 문화적 배경을 가진 나라에서 참여적 리더십은 오히려 부정적인 것으로 인식될 가능성은 없을까? 특히, 리더를 '절대적인' 지위로 간주하는 다른 나라에서는 리더가 부하 직원의 참여를 독려하는 경우 이를 오히려 리더의 능력 부족으로 이해하지는 않을까? 아래에 소개된 여러 나라 사람과의 인터뷰 결과는 세계 각국에서 리더십 개념이 어떻게 달리 인식되고 있는지 잘 보여주고 있다(Kim et al., 1999, p. 35):

- 미국인은 부하에게 높은 자율성을 부여하고 기꺼이 자신의 권한을 위임하는 리더 또는 모든 일에 자신감을 보이고 과감하며 필요한 경우 기꺼이 위험을 감수하는 존 웨인과 같은 리더를 높이 평가한다.
- 네덜란드인은 평등을 강조하며, 따라서 리더십의 가치에 회의적인 태도를 보인다. '리더' 또는 '관리자' 등과 같은 단어는 불명예스러운 의미를 가진다. 아버지가 관리자인 경우, 네덜란드 아이는 친구에게 이를 이야기하지 않을 것이다.
- 아랍인은 권력을 가진 리더를 숭배한다.
- 이란인은 리더가 강한 권력과 함께 강인하게 보이기를 요구한다.
- 말레이시아인은 리더가 겸손하고 신중하며 위엄 있게 행동하기를 바란다.
- 프랑스인은 강력한 카리스마를 가진 리더(예. 드골 대통령) 또는 협상을 통해 문제를 해결하는 데 능숙한 리더(예. 미테랑 대통령)를 높이 평가한다.

GLOBE 리더십 연구는 이처럼 국가문화가 리더십에 미치는 영향을 실증적 차원에서 살펴본 여러 연구 가운데 가장 큰 규모를 자랑하는 대표적인 연구이다. 이는 1991년 여름 Robert J. House와 그의 연구진의 주도로 이루어졌으며 총 64개국 170여 명의 사회과학자 또는 경영학자가 연구에 참여했다. 실제 연구는 총 4단계로 구성된다. 1단계는 설문 문항 개발 및 사전조사 그리고 2단계는 실제 설문조사 시행 및 결과 분석을 포함한다. 3단계와 4단계는 각각 정성적 연구와 현장 및 실험실 연구를 포함한다. 1~2단계의 경우 2004년 대규모 설문조사로 완료된 바 있으며 3~4단계의 경우 2014년 GLOBE CEO 연구로 완료되었다. 본 장에서는 2004년 1차 연구를 중심으로 GLOBE 연구 결과를 설명하고자 한다.

2004년 1차 연구의 경우 총 62개국 825개 조직 내 약 1만 8,000명의 중간관리자를 대상으로 설문조사가 이루어졌으며 설문조사는 크게 국가문화 특성을 묻는 부분과 효과적인 리더십을 묻는 부분으로 구분할 수 있다. 한국과 브라질 국가문화의 측정 결과는 이미 2장에서 소개된 바 있다(표 12 참조). GLOBE 연구진이 고안한 CLT(Culturally Endorsed Leadership Theory) 이론을 바탕으로 구성된 리더십 설문 문항의 경우, 선행 연구에서 비중 있게 다루어진 리더의 개인적 특성, 기술, 행동, 능력 등을 묻는 총 112개의 문항으로 구성되어 있다(first-order CLTs). 이들 문항은 1차 통계 처리 과정에서 21개 요인(second-order CLTs) 그리고 최종적으로 2차 총계 처리 과정에서 6개 차원으로 정리되었다. 이들 리더십 차원을 정리, 소개하면 다음과 같다(괄호 안 숫자는 해당 리더십 차원의 국가 평균 점수; 7점 척도로 측정).

1. Charismatic/value-based (4.5~6.5)
   - Charismatic 1: Visionary
   - Charismatic 2: Inspirational
   - Charismatic 3: Self-sacrifice
   - Integrity
   - Decisive
   - Performance-oriented

2. Team-oriented (4.8~6.2)
   - Team 1: Collaborative team orientation
   - Team 2: Team integrator
   - Diplomatic
   - Malevolent(역채점)
   - administratively competent

3. Self-protective (2.6~4.6)
   - Self-centered
   - Status conscious
   - Conflict inducer
   - Face saver
   - Procedural

4. Participative (4.5~6.1)
   - Autocratic(역채점)
   - Non-participative(역채점)
   - Delegator

5. Humane (3.8~5.6)
- Modesty
- Humane orientation

6. Autonomous (2.3~4.7)
- Individualistic
- Independent
- Autonomous
- Unique

최종 6개 리더십 차원 가운데 1) the charismatic/value based style, 2) the team-oriented style은 그 효과성이 거의 모든 국가에서 높은 것으로 나타났지만, 4) the participative style과 5) the humane style의 경우 소수 국가에서 다른 효과성을 보였으며, 마지막으로 3) the self-protective style과 6) the autonomous style의 경우 국가마다 효과성이 크게 다른 모습을 보였다. 이러한 결과는 전 세계에서 문화를 초월하여 보편적으로 수용되는 효과적인 리더 행위, 속성 및 조직 관행이 적어도 부분적으로 존재한다는 점을 시사한다(표 20 참조). 반면, 국가문화가 리더십에 상당한 영향을 미친다는 결과도 동시에 나타나는바 리더는 부하의 문화적 배경에 따라 이들이 서로 다른 리더십 스타일을 선호할 가능성이 크다는 점을 명심해야 할 것이다. 이들 6개 리더십 차원의 내용을 간략하게 설명하면 <표 19>와 같다.

<표 19> GLOBE 연구의 6개 리더십 차원

The charismatic/ value-based style (전 세계적으로 지지)	높은 기준, 단호함, 혁신 등을 강조하며, 비전 제시를 통해 부하에게 영감을 불러일으킴으로써 이들이 열정적으로 일할 수 있는 환경을 제공한다. 리더가 제시하는 비전은 일관되게 핵심가치(core values)를 추구한다.
The team-oriented style (전 세계적으로 지지)	조직 구성원에게 자긍심, 충성심, 협동심 등을 고취하며, 강한 팀 응집력(team cohesiveness) 및 해결해야 할 공통의 문제를 특히 강조한다.
The participative style (대부분 국가에서 지지)	의사결정 과정 및 실행 단계에서 부하의 참여를 독려하며 위임과 평등의 가치를 특히 강조한다.
The humane style (대부분 국가에서 지지)	동정심과 너그러움을 중시하며 인내심을 가지고 부하를 지원하며 이들의 행복에 관심을 쏟는다.
The self-protective style (국가마다 다른 효과성)	업무 절차, 직위, 체면 등을 중시하며, 개인 및 집단의 안전에 많은 관심을 쏟는다.
The autonomous style (국가마다 다른 효과성)	부하와 접촉하지 않고 자시 자신만을 생각하며, 개인주의적 행동을 보인다.

<표 19>의 내용을 바탕으로 문화를 초월하여 보편적으로 수용되거나 수용되지 않는, 또는 문화마다 다른 효과성을 보이는 리더십을 따로 정리하면 다음과 같다.

한국과 브라질도 GLOBE 리더십 연구에 포함되어 있다. 한국과 브라질의 이들 6개 리더십 차원 점수를 정리하면 다음과 같다.

<그림 7> 한국의 GLOBE 6개 리더십 차원 점수

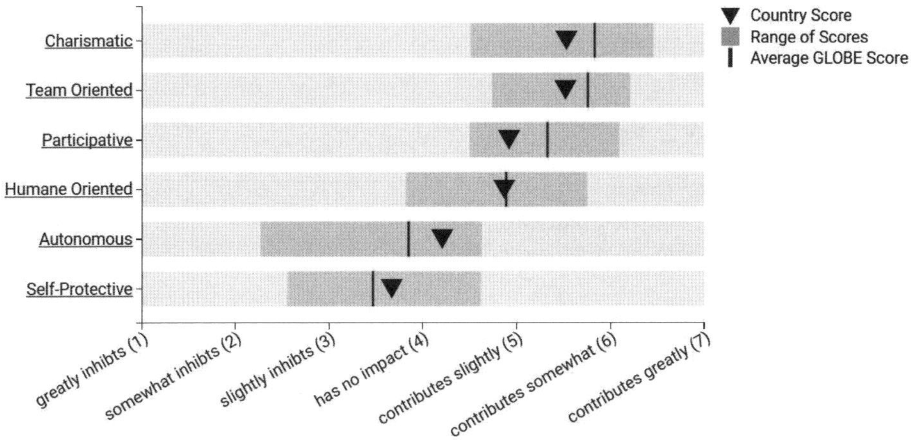

<그림 8> 브라질의 GLOBE 6개 리더십 차원 점수

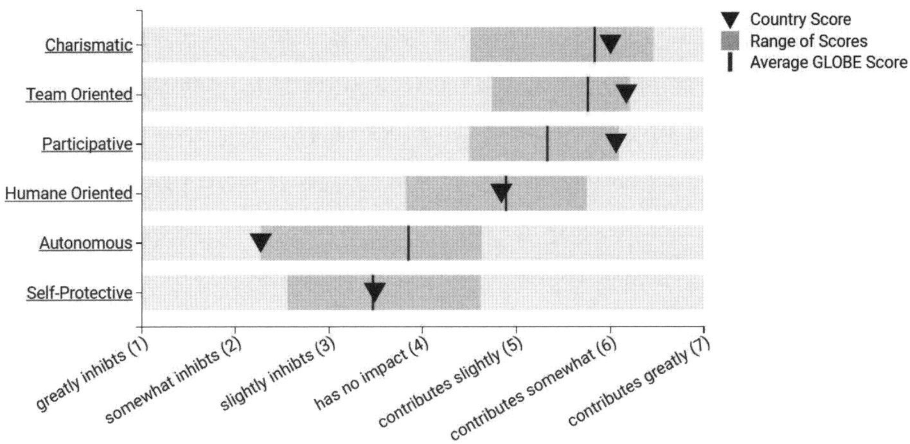

<표 20> 문화적 시각에서 바라본 리더십 효과성

문화를 초월하여 보편적으로 수용되는 리더십
• 믿을 수 있으며 공평하고 정직하다(integrity) • 앞을 내다보며 미리 계획한다(charismatic-visionary) • 긍정적이며 정력적이고 격려하며 동기를 부여하고 자신감을 북돋는다(charismatic-inspirational) • 활발하게 의사소통을 하며 정보를 많이 알고 있으며 의견을 종합하며 팀 내 통합을 이룬다 (team builder)
문화를 초월하여 보편적으로 부정적인 리더십
• 홀로 있으며 사교적이지 못하다(self-protective) • 협력적이지 않으며 짜증을 낸다(malevolent) • 독재적이다(autocratic)
문화마다 효과성이 다른 리더십
• 개인주의적이다(autonomous) • 자신의 지위를 의식한다(status conscious) • 위험을 감수한다(charismatic III: self-sacrificial)

(출처: Javidan et al. 2006, p. 75)

<그림 7>과 <그림 8>을 비교해보면 몇몇 흥미로운 차이를 발견할 수 있다. 브라질의 경우 charismatic, team-oriented, participative 리더십 차원의 점수가 한국보다 월등하게 높지만, autonomous, self-protective 리더십 차원의 점수는 극단적으로 낮다. 특히, autonomous 리더십 차원의 경우 브라질은 전 세계에서 가장 낮은 점수를 보였다. 이는 브라질인 종업원이 리더에게 바라는 리더십과 한국인 종업원이 리더에게 바라는 리더십이 실제로 매우 큰 차이를 보일 가능성이 크다는 점을 강력하게 암시한다. 브라질의 경우 team-oriented 그리고 participative 리더십 점수가 한국은 물론 전 세계 평균과 비교해 상대적으로 매우 높다는 점을 고려하면 - 한국은 오히려 전 세계 평균보다 낮음 - 브라질에 진출한 한국 기업 내 한국인 주재원의 리더십은 브라질인 종업원의 입장에서 때로는 아마도 '독단적인' 것으로 비칠 가능성이 클 것으로 미루어 짐작할 수 있다. 이와 관련하여 GLOBE 연구진은 자신의 연구 결과를 바탕으로 몇몇 특징적인 국가(브라질, 프랑스, 이집트)에서 효과적일 것으로 판단되는 리더십 스타일을 따로 정리, 발표한 바 있다(Javidan et al., 2006). 이를 바탕으로 브라질 리더십의 특징을 정리하면 다음과 같다.

5.2.1. 브라질 리더십의 특징

브라질 문화는 이미 위에서 살펴본 바와 같이 높은 내집단 집단주의 성향을 보이는 편이며(2장 참조), 이로 말미암아 브라질인 종업원은 부하 직원과 인간관계를 맺으려 하지 않고 개인주의적 태도를 보이는 리더를 '매우' 싫어하는 편이다. 따라서 리더는 자신의 행동이 브라질 종업원에게 혹시 지나치게 이기적인 것으로 보이지 않을지 스스로 검토할 필요가 있다. 특히, 사전에 아무런 상의 없이 독단으로 의사결정을 내리고 사후 결과를 부하 직원에게 갑자기 통보하는 리더는 이들에게 매우 부정적으로 인식될 가능성이 크다. 따라서 리더는 의사결정 과정에서 될 수 있는 대로 부하 직원의 의견을 자주 경청함으로써 이들에게 자신도 실제로 의사결정 과정에 참여하고 있다는 느낌이 들도록 하는 것이 - 심지어 이들의 의견이 실제 의사결정에 아무런 영향을 미칠 수 없는 경우에도 - 바람직하다. 아마도 브라질인 종업원은 처음에는 리더의 지위를 의식, 자신의 의견을 적극적으로 피력하지 않을 수 있다. 하지만 리더는 인내심을 갖고 부하 직원의 참여를 독려할 필요가 있다.

이와 관련하여 몇몇 선행 연구는 브라질에서 리더가 부하 직원과 친밀한 인간관계를 형성하는 것은 효과적인 조직 운영에 매우 중요하다고 강조한 바 있다(Javidan et al., 2006, p. 77). 예를 들어, 부하 직원의 가족을 사내 행사에 초대하거나, 또는 이들의 가정 파티에 초대를 받아 참석하는 것은 친밀한 관계 형성에 효과적인 방법이 될 수 있다. 비슷한 맥락에서 Castaño et al.(2015)의 연구 결과를 따르면 브라질인 종업원은 일반적으로 조직 외부보다 - 예를 들어, 다른 조직과의 관계 또는 처세 등 - 내부 관계를 중시하는 리더를 훨씬 선호하는 편으로 나타났다. 브라질인 종업원은 일반적으로 조직 내 주변 사람과 친밀한 관계를 형성함으로써 강한 소속감을 느끼는 것을 매우 중시하며, 따라서 리더가 조직 내 갈등을 최소화하고 화합을 추구하기를 바란다. 하지만 리더의 관점에서 이는 때로는 조직 내 화합을 위해 적어도 어느 정도 성과를 포기해야 할지도 모른다는 것을 의미한다. 리더십 측면에서 이는 온정주의와 깊은 관계를 맺는다. 다시 말해, 브라질에서 리더와 부하 직원 간 관계는 단순히 상명하복을 중시하는 권위주의적 관계가 아닌 부하 직원은 리더로부터 사적인 도움을 받을 수 있으며 리더는 부하 직원으로부터 개인적인 충성심을 기대할 수 있는 사적 관계로 볼 수 있다(Nelson, 2014).

또한, 브라질인 종업원은 일반적으로 리더가 조직 내 다양한 지위 관계를 인지하고 이에 걸맞게 종업원을 대해주기를 기대한다. 이는 권력거리가 비교적 큰 브라질 문화의 특성상(2장 참조) 권위적 위치에 있는 사람은 주변으로부터 이에 따른 합당한 대우를 받는 것을 당연한 것으로 여기기 때문이다. 예를 들어, (한국의 경우와 마찬가지로) 브라질에서 생산직 노동자와 사무직 노동자는 직장 내에서나 심지어 밖에서도 서로 어울리지 않는 편인데 이는 조직 내 지위 관계의 뚜렷한 구분에 따른 결과로 볼 수 있다. 이러한 맥락에서 브라질인 종업원은 리더와 허물없는 관계보다 지위 관계가 뚜렷이 드러나는 격식을 차린 관계를 갖는 것을 선호하는 편이며, 따라서 리더는 부하 직원을 대할 때 이들의 사회적 수준 또는 조직 내 지위를 고려하여 이에 걸맞게 이들을 대할 필요가 있다(Javidan et al., 2006). 한국인 리더의 관점에서 브라질 리더십의 이러한 특징은 매우 익숙할 수 있다. 하지만 미국 또는 북유럽 국가 등과 같이 권력거리가 상대적으로 훨씬 작은 나라에서 이는 문화적 갈등의 소재로 작용할 수 있을 것이다.

5.2.2. 브라질인 종업원이 바라본 한국인 리더

국내 연구 가운데 브라질 종업원의 한국 리더십에 대한 평가를 실증적으로 살펴본 연구는 이성준·권정운·이용우(2016)가 유일하며 따라서 그 내용을 잠시 소개하고자 한다. 이 연구는 브라질의 발레(Vale, 사업지분 50%) 그리고 한국의 동국제강(30%)과 포스코(20%) 간 합작투자로 브라질 북동부 세아라주 뻬셍 산업단지에서 건설 중인 CSP 제철소 건설 현장을 중심으로 브라질 종업원이 한국인 리더를 어떻게 평가하고 있는지 구체적으로 파악하고 이를 바탕으로 한국인 리더-브라질 부하 간 효과적인 리더십 행태를 규명하는 것을 목적으로 한다. 연구방법으로는 설문지법이 사용되었다. 해당 연구는 CSP 건설 현장에서 한국인 리더와 일한 경험이 있는 브라질인 종업원을 대상으로 설문조사를 시행했으며, 설문 문항으로는 설문 문항으로는 위에서 소개된 GLOBE 리더십 연구의 21개 리더십 요인(second-order CLTs)이 사용되었다. 실제 설문조사 결과는 <표 21>과 같다.

<표 21> 브라질인 종업원이 인지하는 한국 리더십: 개별 설문 문항 결과

GLOBE 리더십 연구 2차 CLTs: 21개 항목	평균	표준편차
Administratively Competent	3.37	1.188
Autocratic	3.64	1.269
Autonomous	3.00	1.365
Charismatic I: Visionary	3.37	1.351
Charismatic II: Inspirational	3.34	1.334
Charismatic III: Self-sacrificial	3.37	1.188
Conflict Inducer	2.72	1.297
Decisive	3.80	1.297
Diplomatic	3.14	1.345
Face Saver	3.07	1.158
Humane Orientation	3.22	1.247
Integrity	3.27	1.172
Malevolent	2.66	1.093
Modesty	2.92	1.304
Non-Participative	2.96	1.273
Performance-Oriented	3.49	1.002
Procedural	3.44	1.343
Self-Centered	2.79	1.185
Status Consciousness	3.39	1.083
Team I: Collaborative Team Orientation	3.17	1.101
Team II: Team Integrator	3.58	1.021
효과성: 한국인 리더의 성격 및 특성은 업무를 성공적으로 완수하는데 효과적이다.	3.57	1.015
효과성: 한국인 리더의 성격 및 특성은 부하 직원의 요구를 만족시키는데 효과적이다.	3.31	1.021
만족: 한국인 리더에 매우 만족한다	3.25	1.334
만족: 나는 한국인 리더로부터 받은 배려에 만족한다	3.22	1.274
추가 노력: 한국인 리더는 내가 기대했던 것 보다 더 높은 성과를 올릴 수 있게끔 도와준다.	3.58	1.235
추가 노력: 한국인 리더는 직무를 성공적으로 수행하려는 내 욕구를 높여 준다	3.39	1.339

(출처: 이성준 · 권정운 · 이용우, 2016, p. 114)

<표 21>에서 확인할 수 있는 몇 가지 흥미로운 점을 정리하면 다음과 같다. 첫째로, 평균 점수 기준 상위 5개 리더십 행위를 정리하면 1) 결단적(Decisive), 2) 독재적(Autocratic), 3) 팀 II: 팀 통합자(Team II: Team Integrator), 4) 결과주의적(Performance-Oriented), 5) 절차적(Procedural) 순으로 나타났는데 이는 브라질인 종업원이 한국인 리더를 일반적으로 독선·독단적이고 팀 중심적이며 과업 지향적인 리더로 인식하고 있음을 의미한다. 둘째로, 5점 척도로 측정된 리더십 성과 관련 6개 문항의 경우 모두 평균이 3점을 약간 넘는 모습을 보였다. 이는 설문에 참여한 브라질인 종업원이 한국인 리더의 리더십 행위를 대체로 호의적으로 평가했음을 의미한다. 하지만 '만족' 항목은 '효과성' 및 '추가 노력' 항목보다 상대적으로 점수가 떨어지는 모습을 보이는데 이는 아마도 한국인 리더가 인간관계 지향적이 아닌 주로 과업 중심적 리더십에 치중했기 때문에 나타나는 결과로 짐작된다.

통계 처리 과정을 거쳐 - 구체적으로 탐색적 요인분석(explanatory factor analysis) - 21개 요인을 GLOBE 리더십 연구와 마찬가지로 6개 차원으로 줄인 결과는 다음과 같다.

<표 22> 브라질인 종업원이 인지하는 한국 리더십: 6개 차원

과업 중심 팀 리더십	• Procedural • Status Conscious • Modesty • Performance-Oriented • Team II: Team Integrator • Diplomatic • Team I: Collaborative Team Orientation
독단적 온정주의 리더십	• Self-Centered(역채점) • Humane Orientation • Decisive • Charismatic I: Visionary
참여 중심 전문가형 리더십	• Non-Participative(역채점) • Integrity • Administratively Competent • Face Saver
권위형 리더십	• Autocratic • Conflict Inducer
불신형 리더십	• Charismatic III: Self-Sacrifice • Malevolent
방임형 리더십	• Autonomous • Charismatic II: Inspirational

(출처: 이성준 · 권정운 · 이용우, 2016, p. 114)

첫 번째 '과업 중심 팀 리더십' 차원은 팀 워크를 중시하며 팀원의 업무 규정 준수 및 성과 창출을 강조하는 리더십 행위를 포함한다. 두 번째 '독단적 온정주의 리더십' 차원의 경우 상반되는 성격의 두 요인이 함께 묶였다. Self-centered와 humane orientation은 모두 종업원을 고려하는 소위 인간적인 리더십 유형을 의미하지만, 나머지 두 항목, 즉 decisive와 charisma I: visionary는 소위 '나를 따르라!' 식 장군 리더십 유형으로 읽힐 수 있다. 이는 브라질인 종업원의 관점에서 한국인 리더의 리더십 행위가 (아마도 특히 업무 외적 차원에서) 인간적이면서 동시에 (아마도 특히 업무 관련 의사결정 과정에서) 독단적으로 비쳤을 가능성이 있다는 점을 시사한다. 세 번째 '참여 중심 전문가형 리더십' 차원은 주로 한국인 리더의 업무 처리 스타일과 관련된 것으로 보인다. 브라질인 종업원의 관점에서 한국인 리더는 업무를 투명하고 능숙하게 처리하며, 동시에 이 과정에서 팀 구성원의 참여를 강조하고 상호 간 체면을 중시한다는 것이다. 이들 세 리더십 차원은 모두 리더십 효과성과 긍정적인 상관관계를 보였다.

반면, 이어지는 세 가지 리더십 차원은 브라질인 종업원에게 부정적인 것으로 인식되었다. 네 번째 '권위형 리더십' 차원은 두 가지 부정적인 리더십 행위, 즉 autocratic과 conflict Inducer을 포함한다. 이들 요인이 함께 묶인 것으로 보아 브라질인 종업원은 한국인 리더의 권위주의적 리더십을 조직 내 갈등 유발 요인으로 인지하고 있는 듯하다. 다섯 번째 '불신형 리더십' 차원의 경우 charismatic III: self-sacrificial과 malevolent가 함께 묶였다. 목표 달성을 위해 기꺼이 자신을 희생하는 리더십 행위와 다른 사람을 공격적인 태도로 대하는 악의적인 리더십 행위가 하나의 요인으로 묶인 구체적인 이유를 정확하게 파악하기는 쉽지 않지만, 한 가지 가능한 설명은 한국인 리더가 목표 달성을 위해 자신을 희생하는 행위가 - 예를 들어, 제대로 성과가 나타나지 않는 경우 리더가 스스로 부하 직원의 일을 직접 처리하는 등 - 브라질인 종업원에게 마치 '무언의 압박'과 같이 부정적으로 받아들여졌을 가능성이 있다. 마지막으로, 여섯 번째 '방임형 리더십' 차원의 경우 autonomous와 charismatic II: inspirational 요인이 함께 묶였는데 전자는 리더가 다른 사람에게 의지하지 않고 독립적으로 행동하는 것을 의미하며 후자는 부하 직원이 더욱 높은 성과를 낼 수 있도록 리더가 이들을 배후에서 지원하는 것을 의미한다. 따라서 적어도 한국인 리더 가운데 일부는 브라질인 종업원과 '스킨십'을 피하고 충분한 거리를 두면서 그들의 일에 직접 관여하지 않고 필요한 경우 배후에서 지원하는 정도의 리더십 행위를 보인 것으로 추측된다.

정리하면 '한국적 리더십'에 대한 브라질인 종업원의 평가는 크게 두 가지, 즉 긍정적인 평가와 부정적인 평가로 나누어 볼 수 있다. 긍정적인 평가를 받은 리더십의 경우, 과업 중심 팀 리더십의 '팀', 독단적 온정주의 리더십의 '온정주의', 그리고 참여 중심 전문가형 리더십의 '참여 중심' 등과 같은 단어에서 유추해 볼 수 있듯이 이는 모두 브라질인 종업원과 밀접한 '스킨십'을 요구한다. 이러한 '스킨십'은 권위주의적 태도 또는 지나친 성과 강조 등 한국적 리더십의 부정적인 측면이 가져올 수 있는 문제점을 일정 부분 완화하는 것으로 보인다. 특히, 한국인 리더의 권위주의적 태도는 서로 다른 두 가지 평가로 이어지는데, 즉 과업 완수 및 성과 창출을 중시하는 실용적 태도, 높은 전문성, 또는 종업원을 위하는 팀 중심적 태도 등과 같은 한국인 리더의 긍정적인 측면과 함께 결합하는 경우 이는 조직 내 별다른 갈등을 일으키지 않거나 심지어 '강한 추진력'으로 비쳤지만, 반대의 경우 - 다시 말해, 불신 또는 방임적 태도 등과 함께 결합하는 경우 - 이는 리더십 성과에 일관되게 부정적인 영향을 미쳤다. 이러한 맥락에서 여러 브라질 리더십 관련 선행 연구가 효과적인 브라질인 종업원 관리 방법 가운데 하나로 가능한 한 이들이 의사결정 과정에 참여한다는 느낌을 받게 하는 것이 중요하다고 지적한 점은 한국 기업의 경우에도 충분한 타당성을 가지는 것으로 보인다.

또한, 상당수 브라질인 종업원은 한국인 리더의 성과를 강조하는 태도를 뚜렷하게 인지하면서도 이를 부정적으로 평가하지 않았다는 점은 흥미롭다. 2장에서 이미 논의한 바와 같이 한국 문화는 브라질 문화와 달리 미래 성과를 위해 현재의 '고통'을 감내하는 것을 중시하는 편이며, 따라서 브라질인 종업원의 관점에서 한국인 리더는 지나치게 성과를 강조하는 것으로 비칠 가능성이 크다. 하지만 이러한 인식이 한국인 리더에 대한 부정적인 평가로 이어지지 않았는데 이와 관련하여 몇 가지 추론이 가능하다. 예를 들어, 한 브라질 전문가는 이와 관련하여 다음과 같이 언급한 바 있다: "브라질에서는 많은 일이 계획대로 진행되지 않고 마무리를 못 짓는 일이 허다합니다. 따라서 높은 전문성과 뚜렷한 목표를 가지고 계획대로 일을 척척 추진하는 한국인 리더(의 성과 지향적 태도)는 높은 평가를 받을 수 있을 겁니다."

5.3. 라틴아메리카 지역의 온정주의 리더십

GLOBE 리더십 연구와 더불어 문화와 리더십 간 관계를 살펴본 여러 선행 연구 가운데 특히 많은 주목을 받은 또 다른 연구로 온정주의 리더십(paternalistic leadership) - 때로는 '가부장적 리더십'으로 번역되는 예도 있음 - 연구를 꼽을 수 있을 것이다. 온정주의 리더십이란 리더가 마치 아버지와 자식을 돌보는 것과 같이 리더가 부하 직원을 돌보는 리더십을 의미한다. 아버지는 헌신적으로 자식을 돌보고 자식은 이러한 아버지를 고마워하며 존경한다. 마찬가지로, 온정주의적 리더는 부하 직원의 관심사를 충족시키기 위해 최선의 노력을 기울이며, 이에 대해 부하 직원은 리더에게 조건 없는 신뢰와 충성심으로 응답한다.

수많은 선행 연구는 대다수 비서방 국가에서 온정주의 리더십이 다른 리더십 스타일보다 상대적으로 훨씬 높은 효과성을 보인다는 점을 발견한 바 있다. 특히, 브라질을 포함한 라틴아메리카 국가에서 이러한 현상은 매우 두드러지게 나타나는 편이다. 이미 위에서 반복적으로 살펴본 바와 같이 브라질인 종업원은 리더-부하 간 지위 관계가 뚜렷하게 구분되지만 동시에 리더와 가까운 '스킨십'을 통해 감정적으로 친밀한 관계를 형성하기를 원한다. 때로는 역설적인 것으로 보일 수도 있는 이러한 리더-부하 관계는 마치 아버지-자식 관계, 즉 자식은 아버지의 권위를 절대적인 것으로 존중하고 아버지는 자식을 외부 위협으로부터 헌신적으로 보호해주는 관계와 비견할 수 있을 것이다.

반면, 서방 국가에서 온정주의 리더십은 권위주의 리더십과 같은 개념으로 이해되는 경향이 강하며, 따라서 보통 매우 강한 부정적인 의미를 내포하고 있다. 하지만, 몇몇 연구 결과를 따르면 오히려 온정주의 리더십과 권위주의 리더십은 서로 음의 상관관계(negatively correlated)를 보이는 것으로 나타났다(예. Aycan & Kanungo, 1998). 심지어 상당수 선행 연구는 서방 국가에서도 온정주의 리더십이 특히 종업원의 조직몰입(organizational commitment) 등과 같은 변수에 긍정적인 영향을 미친다는 사실을 실증적 차원에서 검증하는 데 성공한 바 있는데(Pellegrini & Scandura, 2008), 종업원의 복지에 특히 많은 관심을 기울이는 온정주의 리더십의 특징을 고려하면 이는 어떻게 보면 매우 당연한 결과로 볼 수도 있을 것이다.

이러한 맥락에서 Davila & Elvira(2012)는 브라질을 포함, 라틴아메리카 지역에서 온정주의 리더십이 특히 중시되는 원인으로 다음과 같은 세 가지 요인을 꼽은 바 있다. 첫째로, 심리적 차원에서 온정주의 리더십은 개인의 발전이 개인 혼자만의 노력으로 이루어지는 것이 아닌 개인이 속한 커뮤니티와의 상호작용 속에서 이루어지는 라틴아메리카 문화의 특징에 기반을 둔다. 즉, 라틴아메리카 특유의 상호 의존적인 공동체 의식은 온정주의 리더십이 나타날 수 있는 좋은 토양을 제공한다는 것이다. 둘째로, 사회적 차원에서 온정주의 리더십은 법 제도가 노동자의 권익을 제대로 지켜주지 못하는 환경에서 일종의 '안전핀' 역할을 한다. 다시 말해, 기업의 사회적 책임(corporate social responsibility, CSR)과 비슷한 맥락에서 고용주는 종업원을 단지 조직 목표를 달성하는 데 필요한 '자원'으로 인식해서는 안 되며 더 나아가 이들의 생활을 보호하고 책임질 무언의 사회적 의무를 진다는 것이다. 셋째로, 역사적 차원에서 라틴아메리카 지역의 온정주의 리더십은 '아시엔다(hacienda)', 즉 대토지 농장 또는 목장 내 주인과 노동자 간 관계에서 그 뿌리를 찾을 수 있다. 19세기 초반 독립 이후 대다수 라틴아메리카 지역에서 '아시엔다'는 부채 빚을 갚기 위한 노역 제도를 바탕으로 운영되었다. 즉, 주인은 노동자의 임금 가운데 일부를 떼어 이들이 거주할 장소와 옷, 음식 등을 제공했으며, 이를 제하고 받는 수당이 너무 적은 관계로 대부분 노동자는 주인에게 돈을 꾸어 생활했다. 따라서 이들 노동자는 사실상 평생 주인에게 예속될 수밖에 없었으며 이러한 사회적 환경에서 온정주의 리더십의 중요성은 매우 중요할 수밖에 없었을 것으로 미루어 짐작할 수 있을 것이다.

06
동기부여

학습내용:

- 동기부여 이론의 핵심 내용을 파악한다.
- 비교문화 관점에서 동기부여를 살펴본 연구의 흐름을 파악한다.
- 브라질 종업원을 효과적으로 동기부여하기 위해서는 무엇이 중요한지 살펴본다.

6.1. 동기부여 이론

동기부여란 한 개인이 목표 달성을 위해 노력하는 과정에서 나타나는 노력의 1) 강도, 2) 방향 그리고 3) 지속성(persistence)을 의미한다. 여기서 1) 강도(intensity)란 목표 달성을 위해 한 개인이 열심히 노력하는 정도를, 그리고 2) 방향(direction)은 이러한 개인의 노력이 목표 달성에 집중되는 정도를 의미한다. 마지막으로, 3) 지속성은(persistence) 이처럼 올바른 방향으로 집중된 노력이 실제 목표 달성 시까지 유지되는지 혹은 그렇지 않은지 여부를 의미한다.

누구든지 시험 전날 좋은 점수를 받기 위해 밤을 새워서 열심히 공부한 경험이 있을 것이다. 하지만 혹자는 밤을 새우면서 정말로 집중해서 열심히 공부하는 반면, 누군가는 도서관에서 친구와 잡담을 하거나 게임을 하면서 거의 모든 시간을 보내기도 한다. 또 다른 예로, 누구든지 학교 교과서를 읽을 때는 20분 만에 졸아버린 반면, 만화책을 읽을 때는 시간 가는 줄 모르고 읽은 경험이 있을 것이다. 이러한 차이가 나타나는 원인은 무엇일까? 물론, 이는 다양한 이론적 관점에서 설명될 수 있을 것이다. 혹자는 이를 쾌락주의 관점에서, 혹은 일종의 본능으로, 또는 행동주의 관점에서, 또는 인지적 및 사회적 관점에서 그리고 개인의 느낌 혹은 감정적 차원에서 설명할 수 있을 것이다. 하지만 초기 동기부여 이론은 이를 특히 '욕구(needs)'의 관점에서 살펴보았다. 다시 말해, 모든 인간은 기본적으로 욕구 충족을 위해 노력하며, 이것이 바로 동기부여의 가장 근본적인 원인이라는 것이다. 이러한 맥락에서 밤을 새워 열심히 공부한 학생과 그렇지 못한 학생 간 행동의 차이는 결과적으로 이들의 욕구 차이, 예를 들어 후자보다 전자의 학생이 강한 성취 욕구를 가지기 때문에 나타나는 현상으로 이해할 수 있을 것이다. 이러한 맥락에서 주로 1950년대 개발된 초기 동기부여 이론은 주로 인간의 욕구를 몇 가지 범주로 나누고 이것이 개인의 동기부여에 미치는 영향을 살펴보았다. 이어지는 글에서는 동기부여 내용이론(content motivation theory)으로도 불리는 이들 이론의 내용을 간략하게 정리하고자 한다.

Abraham H. Maslow의 욕구단계이론(hierarchy of needs)

심리학자 Abraham H. Maslow는 인간의 욕구를 크게 두 가지, 즉 1) 무엇이 부족하므로 발생하는 또는 같은 의미로 외재적으로 충족되는 하위 욕구(deficiency needs)와 2) 더욱 성장하고 싶으므로 발생하는, 즉 내재적으로 충족되는 상위 욕구(growth needs)로 구분한 후, 하위 욕구로 다음과 같은 세 가지 욕구, 즉 1) 생리적 욕구(physiological needs), 2) 안전 욕구(safety needs), 3) 사회적 욕구(social needs)를 그리고 상위 욕구로 4) 존경의 욕구(esteem needs)와 5) 자아실현의 욕구(self-actualization needs)를 제시했다. 이들 개별 욕구의 예를 꼽으면 다음과 같다(화살표 옆의 목록은 조직 환경에서 일반적으로 나타나는 욕구).

- 생리적 욕구: 배고픔, 갈증, 의식주, 성, 수면, 호흡 등 ⇒ 사무실 내 적절한 온도, 환기 시설, 최저임금 등
- 안전 욕구: 물리적 혹은 감정적 위협으로부터 안전 및 보호 ⇒ 안정적인 고용 환경, 생계 보장, 작업장 안전 등

- 사회적 욕구: 애정, 소속감, 우정, 친밀함, 사랑 등
- 존경 욕구: 자존심, 자율성, 성취, 독립심, 지위, 지배, 위신, 다른 사람으로부터의 존경 등 ⇒ 호의적인 조직문화, 직장 내 상사 및 동료와 긍정적인 관계 등
- 자아실현 욕구: 자기 성장, 잠재적 가능성의 실현, 자아 발전, 이상적 자아, 절정경험(peak experience) 등 ⇒ 도전적 과업, 창의성 계발 등

더불어 그는 이들 다섯 가지 욕구 간 다음과 같은 '법칙'이 존재한다고 주장했다. 이들 '법칙' 또는 전제조건을 설명하면 다음과 같다.

1) 인간은 아직 충족되지 않은 욕구를 만족시키기 위해 동기부여 된다.
2) 이들 다섯 가지 욕구는 충족되어야 할 순서대로 서열화되어 있다.
3) 비록 어떤 욕구도 완전히 충족될 수는 없지만, 상당 부분 충족된 욕구는 더는 동기부여를 하지 못하며 이 경우 상위 단계의 욕구가 발현된다.
4) 하위 욕구가 충족되지 못하면 다음 단계의 욕구는 동기부여를 하지 못한다.

다시 말해, 배가 고픈 경우 오직 생리적 욕구 외 다른 어떤 욕구도 동기부여를 하지 못하지만, 밥을 먹음으로써 생리적 욕구가 충족되는 경우 다음 차원의 욕구, 즉 안전 욕구가 동기를 유발한다는 것이다. 종업원을 효과적으로 동기 부여하고자 하는 경영자의 관점에서 욕구단계이론이 의미하는 바는 조직 내 누군가를 동기 부여하기 위해서는 먼저 그 사람이 어떠한 욕구를 가졌는지 파악할 필요가 있다는 것이다. 같은 조직 내 근무하는 연구자, 관리자, 기술자, 사무원, 생산직 비숙련 노동자는 서로 다른 욕구를 가질 가능성이 크다. 즉, 연구자와 관리자는 아마도 존경 또는 자아실현 등과 같은 상위 욕구를 그리고 사무원과 및 비숙련 노동자는 생리 또는 안정 등과 같은 하위 욕구를 상대적으로 강하게 느낄 가능성이 크다는 것이다. 이처럼 경영자는 개별 조직 구성원의 욕구가 어느 단계에 위치하는지 정확하게 파악하고 이를 충족시킴으로써 상위 단계의 욕구를 통한 동기부여가 이루어지게끔 도움을 줄 수 있을 것이다.

Frederick Herzberg의 2요인 이론(two-factor theory)

또는 동기부여-위생이론(motivation-hygiene theory)으로도 불리는 2요인 이론은 과연 어떠한 요인으로 말미암아 사람들은 자신의 직무에 만족하는지 설명하는 이론이다. 심리학자인 Frederick Herzberg는 이러한 질문에 답을 구하기 위해 사람들에게 언제 자신의 직무를 좋게 느끼는지 혹은 나쁘게 느끼는지 묻고 그 결과를 유형화하였다. 연구 결과, 직무만족은 주로 성취, 인정, 책임, 발전, 업무 자체 등과 같은 내재적 요인과 밀접한 관계를 맺는 반면(동기요인, motivators), 직무불만은 임금, 감독, 회사 방침, 작업조건, 직장 내 인간관계 등과 같은 외재적 요인과 관계를 맺는 것으로 나타났다(위생요인, hygiene factors). 이러한 결과를 바탕으로 Frederik Herzberg는 동기요인이 충족되는 경우 이는 실제 동기부여로 이어질 수 있지만, 위생요인의 경우 이것이 충족되었다고 해서 동기부여를 유발하는 것이 아닌, 단지 직무불만을 진정시킬 뿐이라고 주장했다. 즉, 위생요인이 충족되는 경우 이는 동기가 부여된 상태가 아닌, 단지 불만이 없는 상황만을 만들 뿐이라는 것이다.

이러한 결과가 의미하는 바를 쉽게 이해하기 위해 다음과 같은 예를 생각해 보자: 당신의 아버지는 당신의 학업 동기를 부여하기 위해 매우 비싼 책상과 의사를 사다 주었다. 과연 당신은 열심히 공부할 것인가? 2요인 이론을 따르면 책상과 의사는 '작업 조건', 즉 위생요인에 해당한다. 위생요인은 직무불만을 해결할 수 있지만 직무만족으로 이어지지는 않는다. 다시 말해, 만약 책상과 의자의 상태가 공부하기 힘들 정도로 나쁘다면 당신은 아마도 강한 불만을 느끼게 되며, 결과적으로 열심히 공부하지 않을 것이다. 하지만 좋은 책상과 의자를 받았다고 해서 당신은 열심히 공부하지는 않을 것이다. 이는 단지 불만을 잠재우는 것 외 추가적인 동기부여의 요인으로 작용하지 못하기 때문이다. 욕구단계이론에서 제시된 하위 욕구와 상위 욕구는 각각 2요인 이론의 동기요인 그리고 위생요인과 내용적 측면에서 매우 비슷하다. 이를 정리하면 <표 22>와 같다.

<표 22> 욕구단계이론과 2요인 이론의 비교

욕구단계이론	2요인 이론
자아실현 욕구 존경 욕구	동기요인 성취, 인정, 책임, 발전, 업무 자체
사회적 욕구 안전 욕구 생리적 욕구	위생요인 임금, 감독, 회사 방침 및 관리, 인간관계, 작업 환경

2요인 이론은 비록 방법론적 차원에서 많은 비판을 받았지만[11] 이후 전 세계 여러 나라에서 시행된 일련의 후속 연구는 문화적 차이를 막론하고 해당 이론의 타당성을 검증하는 데 성공한 바 있다. 이러한 맥락에서 특히 흥미로운 점은 - 비록, 정도의 차이는 있지만 - 동기요인의 동기 유발 효과가 선진국과 개발도상국 모두에서 똑같이 나타났다는 점이다. 혹자는 개발도상국의 경우 선진국과 비교해 임금 인상 등과 같은 위생요인이 동기부여에 특히 중요하게 작용할 가능성이 크다고 미루어 짐작할 수 있겠으나, 적어도 지금까지 소개된 각종 연구 결과를 살펴보면 이는 사실이 아닐 가능성이 더 큰 것으로 보인다. 예를 들어, Machungwa & Schmitt(1983)는 직장 내 동기부여 요인을 총 5가지, 즉 1) 성장과 발전 기회, 2) 일 자체의 성격, 3) 직장 내 물리적 환경, 4) 직장 내 인간관계, 5) 개인적 문제 등으로 구분한 후 잠비아 종업원을 대상으로 이들 5개 요인이 직무만족에 미치는 영향을 살펴보았다. 연구 결과, 선진국 종업원의 경우와 마찬가지로 잠비아 종업원도 1) 성장과 발전 기회 그리고 2) 일 자체의 성격을 가장 중시하는 것으로 나타났다.

11) 예를 들어, '잘하면 내 탓, 잘못되면 조상 탓'이라는 속담이 의미하는 바와 같이 인간은 일반적으로 일이 잘 풀리는 경우 이를 자신의 탓으로, 일이 안 풀리는 경우 이를 외부 환경 탓으로 돌리는 경향을 보인다. 2요인 이론에서 위생요인이 모두 외부 환경 변수인 점은 이러한 주장에 힘을 실어준다.

Douglas McGregor의 X이론과 Y이론

당신은 '관리'라는 단어를 들으면 무엇을 떠올리는가? 혹시 불필요한 서류작업을 떠올리는가? 아니면 당신이 일을 열심히 하고 있는지 혹은 아닌지 옆에서 두 눈을 부릅뜨고 감시하는 누군가를 떠올리는가? Douglas McGregor의 X이론은 바로 이러한 질문에 대한 일반적인 답을 제시한다. X이론을 따르면 '관리'는 다음과 같은 내용을 포함한다:

1) 관리자는 조직 생산성을 높일 수 있는 돈, 기계, 장비, 사람 등 여러 요소를 효과적으로 배치함으로써 조직 성과를 극대화할 책임을 진다
2) 사람과 관련하여 이는 종업원에게 지시를 내리고 동기 부여하며 조직 목표에 맞게 이들의 활동을 통제하고 행동을 수정하는 것을 의미한다.
3) 관리자의 이러한 노력이 없다면 종업원은 조직의 필요에 수동적으로, 또는 심지어 반항적으로 반응할 것이다. 따라서 관리자는 항상 종업원을 설득, 보상, 처벌, 통제해야 한다. 다시 말해, '관리'란 다른 사람을 통해 일을 완수하는 것을 의미한다.

'관리'에 대한 이러한 시각은 기본적으로 다음과 같은 가정을 내포한다.

4) 인간은 보통 게으르고, 될 수 있으면 일을 하지 않으려고 한다.
5) 따라서 대다수 종업원은 의욕이 없으며 책임지는 것을 싫어하고 다른 사람에게 이끌림을 당하는 것을 선호한다.
6) 이들은 선천적으로 자기중심적이며 조직의 필요에 관심을 두지 않는다.
7) 이들은 태생적으로 변화에 저항한다.
8) 이들은 그다지 명석하지 못하며 잘 속아 넘어가고 사기꾼이나 선동가에게 속아 넘어간다.

Douglas McGregor는 이처럼 지시와 통제를 통해 이루어지는 종업원 관리는 이것이 어떠한 방식으로 이루어지는지 상관없이 - 강하게, 약하게 혹은 심지어 공

정하게 이루어질 때도 - 종업원을 동기 부여하는 데 있어서 부정적인 영향을 미칠 수밖에 없다고 보았다. 다시 말해, 생리적 혹은 안전 욕구가 이미 상당 부분 충족된 현대 사회에서 종업원은 이전보다 훨씬 강한 사회적 욕구(social need; 예. 소속감, 우정, 사랑), 자아 욕구(ego needs; 예. 지위, 인정, 존경) 및 자기실현 욕구(self-fulfillment needs; 예. 자기 발전, 창의성, 가능성의 실현) 등을 가질 수밖에 없으므로 지시와 통제는 결코 동기부여 효과를 가질 수 없다는 것이다. 이러한 맥락에서 그는 X이론의 반대되는 이론으로 Y이론을 제시했다. 구체적인 내용은 다음과 같다:

1) X이론의 1번과 동일
2) 종업원은 선천적으로 조직의 필요에 수동적이거나 반항적이지 않다. 이들이 이와 같은 반응을 보이는 이유는 조직 내 경험 때문이다.
3) 모든 종업원은 동기 부여될 수 있으며 조직 목표 달성을 위해 스스로 일을 처리하고 책임을 맡을 가능성을 가지고 있다. 이는 '관리'를 통해 이루어지는 것이 아니다. '관리'의 궁극적인 목표는 종업원이 이를 깨닫고 자신의 능력을 개발할 수 있도록 돕는 것이다.
4) 따라서 '관리'의 핵심은 종업원이 조직 목표 달성을 위해 스스로 노력할 때 자신의 목표도 가장 잘 달성될 수 있도록 조직 내 환경 또는 조건 등을 배열하는 것이다.

더 나아가 그는 실천적 차원에서 Y이론을 조직 내 적용할 수 있는 방법으로 참여적 의사결정, 도전적 직무, 직장 내 좋은 집단 관계 등을 제시했다. X/Y이론은 실증적 차원의 엄밀한 검증을 염두에 두고 만들어진 '과학적' 이론이 아닌, 사실상 종업원의 동기부여와 관련하여 조직 관리자에게 의미 있는 제언을 하기 위해 만들어진 규범적(normative) 이론에 가깝다. 따라서 해당 이론은 이론에 포함된 여러 개념을 실증적으로 측정할 수 있는 어떠한 구체적인 구성 요소도 제시하지 않는다. 더불어, X/Y이론의 실증적 검증을 시도한 몇몇 소수 연구도 구체적인 결론에 이르는데 실패했다(Lawter et al., 2015). 하지만 이러한 사실이 X/Y이론의 의미를 부정한다고 보는 것은 잘못이다. X/Y이론은 기업의 '인간적' 측면을 강조한 최초의 이론 가운데 하나로 동기부여 연구의 흐름에서 여전히 매우 중요한 의미를 갖고 있다.

David McClelland의 욕구이론

미국의 심리학자 David McClelland는 1960년대 'Three Needs Theory'를 제시하면서 Abraham H. Maslow의 5가지 욕구 가운데 상위 욕구 3가지, 즉 1) 성취 욕구(need for achievement, N-Ach), 2) 권력 욕구(need for power, NPow), 3) 친교 욕구(need for affiliation, N-Affil)가 동기부여에 미치는 영향을 집중적으로 살펴보았다. 그는 나이, 성, 인종, 문화 등과 상관없이 모든 인간이 이들 세 가지 욕구를 가지고 있으며, 더불어 이들 욕구는 본능이 아닌 후천적인 학습 - 특히, 문화와 경험- 을 통해 형성되는 것이라고 주장했다. 각각의 욕구를 정리하면 다음과 같다:

1) 성취 욕구가 강한 사람의 특성
- 도전적인 목표를 설정하고 이를 달성하고자 함
- 목표를 달성하기 위해 계산된 위험을 감수함
- 목표 달성 과정에서 주기적으로 피드백을 받기 원함
- 종종 혼자 일하는 것을 좋아함; 자신의 책임을 회피하려는 경향이 낮음

2) 친교 욕구가 강한 사람의 특성
- 집단에 속하기를 원함
- 남들이 자신을 좋아하기를 바라며 집단 내 다른 사람이 원하는 것을 따르고자 함
- 경쟁보다 협동을 선호
- 높은 불확실성 혹은 위험을 좋아하지 않음

3) 권력 욕구
- 다른 사람을 통제하고 영향을 미치기를 원함
- 논쟁을 좋아함
- 경쟁과 승리를 즐김
- 지위와 인정을 즐김

이들 세 가지 욕구 가운데 특히 성취 욕구는 학계의 가장 많은 관심을 받았다. 이것이 의미하는 바는 매우 명확하다. 즉, 높은 성취 욕구를 가진 종업원은 그렇지 않은 종업원보다 상대적으로 높은 성과를 올릴 가능성이 크다는 것이다. 더불어, 높은 성취 욕구는 개인의 타고난 기질과 상관없이 학습 및 경험 등을 통해 후천적으로 만들어질 수 있다는 점에서 경영자는 종업원 선발, 배치, 이동 시 이들의 성취 욕구를 자극할 수 있는 다양한 방법을 적극적으로 고려해야 할 것이다(예. 도전적인 직무 설계). 실제로, 몇몇 관련 선행 연구는 성취 욕구가 후진국보다 선진국에서 평균적으로 높다는 사실을 확인한 바 있다. 또 다른 연구 결과를 따르면 과거 공산주의 국가였던 동유럽 국가 관리자는 일반적으로 미국 관리자보다 현저하게 낮은 성취 욕구를 보이는 것으로 나타났다. 이러한 연구 결과는 성취 욕구가 결코 개인의 타고난 기질만으로 설명될 수 없다는 좋은 실증적 증거 가운데 하나로 제시될 수 있을 것이다.

그렇다면 높은 성취 욕구를 가진 종업원은 과연 어떠한 특징을 가지는가? 첫째로, 이들은 절반, 즉 50 대 50의 성공 가능성이 있다고 판단되는 일을 좋아한다. 다시 말해, 이들은 도박과 같이 가능성이 희박한, 따라서 성공 여부가 상당 부분 운에 좌우되는 일을 좋아하지 않지만, 동시에 아무런 도전 정신을 불러일으키지 않는, 즉 지나치게 쉬운 일도 좋아하지 않는다. 둘째로, 이들은 자기 일에 충분한 자율성과 함께 스스로 책임을 질 수 있으며, 정기적으로 피드백을 받을 수 있고, 업무를 통해 새로운 것을 배울 수 있으며, 일을 완수하는 경우 주변으로부터 충분한 인정을 받을 수 있는 환경에서 강하게 동기 부여되는 경향을 보인다. 셋째로, 이들은 자신이 일을 얼마나 성공적으로 완수할 수 있느냐에 관심을 가질 뿐, 다른 사람이 일을 잘 할 수 있도록 영향력을 행사하는 데는 관심이 훨씬 덜하다. 따라서 높은 성취 욕구를 가진 종업원이 항상 유능한 관리자가 되는 것은 아니다. 넷째로, 이들에게 물질적 보상은 최종 목표가 아닌 성공의 지표로서 의미를 가진다. 안정적인 직장 또는 높은 사회적 지위 등도 이와 비슷한 맥락에서 이해할 수 있다.

6.2. 국가문화가 동기부여에 미치는 영향

지금까지 위에서 살펴본 여러 동기부여 이론은 보상, 사회적 압력, 처벌 등과 같은 외재적 동기부여(extrinsic motivation)보다 일에 대한 호기심, 흥미, 즐거움 등과 같은 내재적 동기부여(intrinsic motivation)의 중요성을 일관되게 강조하고 있다. 이는 기본적으로 자신이 좋아하는 일을 스스로 주도적으로 열심히 하는 것이 자아실현 또는 존경 욕구 등 인간의 상위 욕구를 더욱 효과적으로 충족시킬 수 있기 때문으로 판단된다. 비록, 본 장에서 논의되지 않았지만, 동기부여 이론의 또 다른 한 축인 과정 이론 - 예를 들어, 기대 이론(expectancy theory), 보상 이론(reward theory) 그리고 여러 목표설정 이론(goal-setting theory) 등 - 도 비슷한 결론을 내고 있다.

만약 이들 이론이 주장하는 바가 옳다면 우리는 다음과 같은 질문을 던져볼 수 있을 것이다: "과연 전 세계 각국 종업원은 국가 간 문화적 차이와 상관없이 모두 같은 요인으로 동기 부여되고 자기 일에 만족하는가?" 이러한 질문에 대한 답으로 Berry et al.(1992)은 다음과 같은 세 가지 이론적 관점, 즉 1) 절대주의 관점(absolutist approach), 2) 문화 상대주의 관점(cultural relativist approach) 그리고 3) 보편주의 관점(universalist approach)을 제시한 바 있다. 이를 좀 더 자세하게 살펴보면 다음과 같다.

절대적 관점

동기부여의 절대적 관점은 기본적으로 동기부여가 문화적 차이와 상관없이 같은 심리적 메커니즘을 통해 발생한다고 주장한다. 다시 말해, 위에서 소개된 여러 동기부여 이론은 어느 국가, 어느 시대에서나 똑같이 적용 가능하다는 것이다. 실제로, 흥미롭고 도전적이며 개인의 발전에 도움이 되는 일은 전 세계 어디에서나 환영을 받는 것으로 보인다. 더불어, 여러 선행 연구가 성장, 성취, 책임 등과 같은 직무 요소는 국가를 막론하고 일관되게 높은 동기부여 효과를 가지는 것으로 보고하고 있다. 예를 들어, Sedikides et al.(2003)의 연구 결과를 따르면 자기 자신을 긍정적이고 특출하다고 생각하는 '자기고양(self-enhancement)'

및 스스로 선택하고 결정하는 '자기결정(self-determine)' 등은 동서를 막론하고 범문화적 차원에서 동기부여에 결정적인 영향을 미치는 것으로 나타났다.

하지만 1980년대 이후 경영학계에서 비교문화 연구가 성행하기 시작하면서 동기부여의 절대적 관점은 다음과 같은 세 가지 점에서 강하게 비판받기 시작했다. 첫째로, 지금까지 소개된 동기부여 이론은 모두 서양 - 특히, 미국 - 학자의 시각에서 만들어졌으며, 따라서 서양의 문화적 가치가 은연중 배어 나올 수밖에 없다는 주장이다. 혹자는 이와 관련하여 서양의 동기부여 이론은 모두 - 물론, 정도의 차이는 있지만 - 고대 그리스의 쾌락주의(hedonism) 철학에서 그 뿌리를 찾을 수 있다고 주장한 바 있다(Nisbett et al., 2001). 쾌락주의 철학은 철저하게 개인주의적 차원에서 고통을 피하고 쾌락을 추구하는 것을 가장 중요한 도덕원리, 즉 '선'으로 간주한다. 지금까지 소개된 각종 동기부여 이론도 (최종적으로 개인의 '쾌락'을 목적으로 하는) 욕구 충족을 동기부여의 근본 원인으로 간주한다는 점에서 쾌락주의에 기반하는 것으로 볼 수 있을 것이다.

둘째로, 서양의 동기부여 이론은 비서양 국가 내 존재하는 다른 차원의 욕구를 설명하는 데 한계가 있을 수밖에 없다는 주장이다. 개인의 자율성 및 독립심 등과 같은 개인주의적 가치가 유난히 중시되는 서양의 문화적 풍토에서 동기부여와 관련하여 자아실현, 성취, 책임, 발전 등과 같은 상위 차원의 욕구가 강조되는 것은 어쩌면 당연하다 할 수 있을 것이다. 반면, 집단주의적 가치가 중시되는 비서방 국가의 경우 어쩌면 전혀 다른 차원의 욕구가 동기부여에 훨씬 중대한 영향을 미칠 수도 있을 것이다. 예를 들어, 인도나 중국에서는 조직 내 화합을 위해 개인이 고통을 감내하는 것이 훨씬 높은 도덕적 가치를 가지며, 이러한 맥락에서 개인의 '쾌락'이 가지는 동기부여 효과는 서방 국가와 비교해 훨씬 떨어지지 않을까?

셋째로, 기존 동기부여 이론의 타당성을 비서양 국가 환경에서 검증한 연구의 수가 아직 부족하다는 주장이다. 하지만 비교문화 관점에서 동기부여를 살펴보는 연구가 늘어나면서 상당수 연구가 문화적 차이에 따라 사람들은 서로 다른 요인으로 말미암아 동기부여 된다고 주장하기 시작했다. 지금까지 언급된 이러한 이유로 현재 학계에서 동기부여의 절대적 관점을 액면 그대로 받아들이는 연구자는 사실상 거의 없다고 보아도 무방하다. 그렇다면 내재적 동기부여의 효과는 실제로 문화마다 다르게 나타나는가? 동기부여를 문화 상대주의 관점에서 살펴본 일련의 연구는 바로 이러한 질문에 대한 해답을 구하고자 노력했다.

문화 상대주의 관점

위에서 살펴본 바와 같이 일련의 연구는 문화가 동기부여에 미치는 영향을 실증적 차원에서 살펴보았다. 이들 연구는 주로 서로 다른 욕구와 동기부여 간 관계에서 문화가 가질 수 있는 조절 효과를 살펴보거나, 여러 국가를 대상으로 외재적 그리고 내재적 요인이 동기부여에 미치는 영향을 비교, 분석하는 데 주력했다. 이들 연구 결과를 간략하게 정리하면 다음과 같다.

첫째로, 개인주의 국가와 집단주의 국가 내 지배적인 욕구는 몇몇 측면에서 분명한 차이점을 보였다. 예를 들어, Oishi(2000)의 연구 결과를 따르면 개인주의 국가의 경우 자율성은 삶의 만족도에 긍정적인 영향을 미쳤지만, 집단주의 국가의 경우 이러한 관계가 나타나지 않았다. 마찬가지로 자존감(self-esteem)과 삶의 만족도 간 관계를 살펴본 연구도 비슷한 결과를 보고한 바 있다(Diener & Diener, 1995). 또한, 개인주의 국가의 경우 주로 개인 차원의 변수가 그리고 집단주의 국가의 경우 집단 차원의 변수가 동기부여에 결정적인 영향을 미치는 것으로 나타났다. 예를 들어, Earley er al. (1999)의 연구 결과를 따르면 개인주의 국가에서는 개인 피드백 그리고 집단주의 국가에서는 집단 피드백이 자기 효능감(self-efficacy)에 긍정적인 영향을 미치는 것으로 나타났다. 마찬가지로, 통제 욕구(need for control)와 관련하여 개인주의 국가의 경우 개인이 스스로 업무 과정을 통제할 수 있는 것을, 그리고 집단주의 국가의 경우 지휘 통제가 한 곳에서 이루어지는 것(collective control)을 상대적으로 더욱 선호하는 것으로 나타났다.

둘째로, 대부분의 선행 연구에서 내재적 동기부여는 문화적 차이와 상관없이 일관되게 개인의 주관적 안녕감(well-being)에 긍정적인 영향을 미치는 것으로 나타났지만 몇몇 연구는 문화적 환경에 따라 서로 다른 선행 요인이 내재적 동기부여를 유발할 수 있다는 점을 확인한 바 있다(보편주의 관점 참조). 예를 들어, Iyengar & Lepper(1999)의 연구 결과를 따르면 영국계 미국인은 개인에게 온전한 선택권이 주어지는 경우 내재적으로 동기 부여되는 모습을 보였지만, 아시아계 미국인의 경우 오히려 신뢰할 수 있는 권위자 또는 가까운 동료가 자신을 위해 대신 선택을 해주는 경우 내재적으로 동기 부여될 가능성이 큰 것으로 나타났다. 하지만 또 다른 일련의 연구는 내재적 동기부여가 특정한 문화적 환경에서 특히 두드러지게 나타난다는 점을 확인한 바 있는데, 예를 들어, Huang & Van de Vliert(2003)의 연구 결과를 따르면 내재적 직무 특성과 직무만족 간 관계는 국가가 부유할수록, 사회안전보장 수준이 높을수록, 개인주의적 가치의 중요성이 강조될수록 그리고 마지막으로 권력거리가 작을수록 강하게 나타났다. 더불어, 몇몇 연구에서 외재적 동기부여의 부정적 효과(예. 조직 내 지나친 통제 또는 거래적 태도 등)는 서양 국가보다 비서양 국가에서 훨씬 약하게 나타났다(Ryan et al., 1999).

보편주의 관점

최근 비교문화 관점에서 동기부여를 살펴보는 연구 가운데 대부분은 절대적 관점과 문화 상대주의 관점의 절충안, 즉 보편주의 관점을 지지하고 있다. 동기부여의 보편주의 관점은 절대적 관점이 주장하는 바와 같이 모든 동기부여는 같은 심리적 메커니즘을 통해 이루어진다는 점을 인정하지만, 동시에 이러한 심리적 메커니즘을 촉발하는 원인은 문화마다 다르다고 주장한다. 보편주의 관점의 연구는 크게 세 가지로 구분해 볼 수 있다. 첫 번째 종류의 연구는 모든 국가에서 보편적으로 동기부여를 일으키는 근본적인 가치 체계, 사회적 믿음 또는 개인적 목표 등의 존재 여부를 탐구했다(예. 2장에서 소개된 Shalom H. Schwartz의 연구). 두 번째 종류의 연구는 지금까지 개인 차원에서 논의된 동기부여 관련 논의를 국가 차원으로 확장, 적용한 후 이를 일반화하고자 노력했다. 마지막으로, 세 번째 종류의 연구는 자기고양 및 자기결정이 동기부여에 미치는 영향이 문화적 차이와 상관없이 과연 보편적인 현상인지, 혹은 그렇지 않은지 실증적으로 검증하고자 노력했다. 본 장에서는 특히 세 번째 종류의 연구 결과를 간략하게 정리하고자 한다.

문화 상대주의를 지지하는 일련의 연구는 자기고양 및 자기결정을 통한 내재적 동기부여가 집단주의 국가보다 개인주의 국가에서 상대적으로 훨씬 빈번하게 나타난다고 주장한 바 있다. 다시 말해, 자기고양과 자기결정, 즉 높은 자존감과 선택의 자유는 모두 개인 차원의 안녕감과 직결된 것으로써 개인주의 국가에서 더욱 강한 동기부여 효과를 보인다는 것이다. 이미 위에서 살펴본 바와 같이 몇몇 선행 연구는 이미 이러한 가설의 타당성을 성공적으로 검증한 바 있다. 하지만 이후 보다 발전된 방법론이 적용된 후속 연구 결과를 따르면 자기고양 및 자기결정은 문화 차이를 막론하고 동기부여에 일관되게 긍정적인 영향을 미치지만, 사람들이 높은 자존감 및 선택의 자유를 느끼는 요인은 문화마다 다른 것으로 나타났다.

관련 연구 결과 가운데 일부를 소개하면 다음과 같다. Sedikides et al.(2003)은 자기고양 개념을 다음과 같은 두 가지 종류, 즉 1) 자신의 우월성을 직접적인 방식으로 표현하는 '솔직한' 자기고양(candid self-enhancement) 그리고 2) 자신의 우월성을 간접적인 방식으로 표현하는 '전술적' 자기고양(tactical self-enhancement)으로 구분한 후 미국인과 일본인 표본을 대상으로 이러한 두 가지 자기고양이 동기부여에 미치는 영향을 살펴보았다. 연구 결과, 미국인의 경우 솔직한 자기고양으로 동기 부여되는 반면, 일본인의 경우 전술적 자기고양으로 동기 부여되는 모습을 보였다. 또한, Spector et al.(2002)의 연구 결과를 따르면 개인 통제 신념(control belief) - 즉, 자신이 스스로 상황을 통제할 수 있다는 믿음 - 은 문화적 차이와 상관없이 종업원의 주관적 안녕감에 긍정적인 영향을 미치는 것으로 나타났다. 하지만 이들은 개인주의 국가 종업원의 경우 자신의 업무를 남의 간섭없이 스스로 직접 통제할 수 있는 경우에만 통제 신념을 보이지만, 집단주의 국가 종업원의 경우 다른 사람과의 관계로 말미암아 업무와 관련하여 간접적인 통제만 가능한 경우에도 통제 신념을 가질 가능성이 크다고 주장한 바 있다. 이러한 연구 결과는 문화 상대주의가 주장하는 바를 정면으로 반박한다. 그렇다면 브라질의 경우는 어떠할까? 이어지는 글에서 이와 관련하여 살펴보기로 한다.

6.3. 브라질인 종업원의 동기부여

브라질인 종업원은 어떠한 심리적 메커니즘을 통해 동기 부여되며, 실무적 차원에서 경영자는 이를 위해 어떠한 조처를 할 필요가 있는가? 이러한 질문에 답하기 위해 본 장은 먼저 브라질 종업원을 대상으로 진행된 각종 동기부여 관련 선행 연구의 결과를 살펴본 후, 이어서 이들이 직장에서 바라는 점은 무엇인지, 즉 이들에게 좋은 직장이란 무엇을 의미하는지 살펴보고, 마지막으로 경영자의 관점에서 이러한 결과가 의미하는 바를 논하고자 한다.

브라질 종업원의 동기부여를 실증적 차원에서 살펴본 선행 연구는 비록 그 수는 적은 편이지만, 연구 결과는 꽤 일관된 편이다. 이들 연구는 크게 두 부류, 즉 1) 연구 대상으로 브라질이 포함된 비교문화 연구 그리고 2) 브라질인 종업원만을 살펴본 실증 연구로 구분할 수 있을 것이다. 첫 번째 종류의 연구와 관련하여 DeVoe & Iyengar(2004)은 매우 흥미로운 연구 결과를 발표한 바 있다. 이들은 북아메리카, 라틴아메리카, 아시아 지역에 근무하는 시티그룹(Citigroup) 관리자 185명과 직원 1,760명을 대상으로 - 브라질인 관리자 16명과 직원 219명 포함 - 관리자가 주관적으로 인지하는 부하 직원의 동기부여 요인과 이들의 실제 성과 간 관계를 살펴보았다. 연구 결과, 북아메리카 관리자는 주로 부하 직원이 외재적 요인(예. 급여 및 복리 후생 등과 같은 물질적 보상)으로 말미암아 동기 부여된다고 믿지만, 실제 성과와 높은 상관관계를 가지는 것은 내재적 요인(예. 일 자체에 대한 흥미 및 관심)인 것으로 나타났다. 반면, 아시아 관리자의 경우 부하 직원의 동기부여 요인을 전체적인 시각에서 바라보는 경향을 보였으며, 따라서 의견이 한쪽으로 기울어지지 않았다. 또한, 외재적 요인과 내재적 요인 모두 실제 성과와 비슷한 수준의 상관관계를 가졌다. 마지막으로, 라틴아메리카 관리자는 북아메리카 관리자와 반대의 모습을 보였다. 즉, 이들은 부하 직원이 외재적 요인보다 내재적 요인으로 동기 부여된다고 믿는 경향이 강했으며, 실제 성과도 오직 내재적 요인과 높은 상관관계를 가지는 것으로 나타났다.

두 번째 종류의 연구와 관련하여 Monteiro et al.(2015)는 브라질 사회초년생 총 163명을 대상으로 직업흥미검사(Work Preference Inventory)와 돈에 대한 가치조사(The Love of Money Scale) 설문을 시행한 후 군집분석(cluster analysis)을 통해 설문 참여자 간 상이성을 규명한 바 있다. 분석 결과, 총 두 개의 군집을 확인할 수 있었다. 첫 번째 군집은 전체 참여자의 36.9%를 차지했으며, 해당 군집에 포함된 참가자는 돈을 '좋은 것'으로 생각하고 이를 통해 동기 부여되는 모습을 보여주었다. 반면, 전체 참여자의 63.1%를 차지하는 두 번째 군집에 포함된 참여자의 경우, 돈을 '악한 것'으로 간주하고 돈보다 다른 내적 요인으로 말미암아 동기 부여되는 것으로 나타났다. 해당 연구는 비록 사회 초년생만을 살펴보았다는 단점을 가지고 있지만, 내외적 요인으로 말미암아 동기 부여되는 종업원의 구체적인 비율을 제시했다는 점에서 의미를 찾을 수 있을 것이다. 마지막으로, Sledge et al.(2008)은 호텔에 근무하는 브라질 종업원을 대상으로 Frederick Herzberg가 제시한 2요인 이론의 타당성을 검증한 바 있다. 총 81명의 종업원이 인터뷰에 참여했으며, 연구 결과 2요인 이론은 인터뷰 결과를 효과적으로 설명하는 것으로 나타났다. 특히 중요한 동기요인으로는 '일 자체'(84%)와 '성취감'(75%) 등이 꼽혔으며, 중요한 위생요인으로는 급여, 안전, 회사 정책 및 관리 등이 꼽혔다. 반면, 감독, 업무 환경, 동료 직원과의 관계 등은 동기부여에 별다른 영향을 미치지 못했다.

이러한 연구 결과가 의미하는 바는 매우 명확하다. 브라질을 포함 라틴아메리카 종업원을 효과적으로 동기 부여하기 위해서는 급여 등과 같은 외재적 요인의 강화만으로는 한계점이 존재하며, 오히려 내재적 요인의 중요도가 외재적 요인의 중요도를 압도할 가능성이 크다는 것이다. 혹자는 성과보다 관계를, 미래보다 현재를 중시하며, 인생을 즐기고 재미를 추구하는 것을 바람직한 것으로 간주하는 브라질 문화의 특성에 비추어 브라질인 종업원은 기본적으로 일을 자신의 우선순위에 두지 않을 가능성이 크며, 따라서 이들을 동기 부여하기 위해서는 X이론이 주장하는 바와 같이 외재적 보상 및 처벌을 효과적으로 활용할 필요가 있다고 주장할 수 있다. 하지만 각종 선행 연구는 반대의 결과를 보였다.

갤럽(Gallup)이 2011~12년까지 전 세계 총 142개 국가를 대상으로 진행된 직원 몰입도(employee engagement) 설문조사 결과를 살펴보면 브라질 근로자 가운데 27%는 자기 일에 매우 몰입(actively engaged)하고 62%는 몰입(engaged)하며 나머지 12%만이 몰입하지 않는 것으로 나타났다. 자신에 일에 몰입하지 않는 근로자 비율의 전 세계 평균치는 24%로서 브라질의 경우보다 훨씬 높다. 한국의 경우 매우 몰입, 몰입, 몰입하지 않음 순으로 각각 11%, 67% 그리고 23%의 수치를 보였다. 이러한 결과는 브라질인 근로자에게 있어서 일이 삶의 일부로서 매우 중요한 위치를 차지하고 있다고 해석할 수 있을 것이다. 이와 비슷한 학술적 연구 결과는 Kuchinke et al.(2010)에서 찾을 수 있다. 이들은 기업 인사부에 근무하는 미국인 관리자 174명, 브라질인 관리자 139명 그리고 한국인 관리자 411명을 대상으로 이들이 주관적으로 인지하는 일, 여가 활동, 지역 공동체 활동, 종교 그리고 가족의 중요성을 측정, 비교했다. 설문조사 결과 이들 세 국가 관리자 모두 가족 다음으로 자기 일을 삶의 중요한 부분으로 꼽았다.

그렇다면 브라질인 종업원이 바라는 바람직한 직장의 모습은 구체적으로 무엇인가? 이와 관련하여 BCG(The Boston Consulting Group)가 2016년 발표한 보고서 'Understanding Brazil's Workforce in a Troubled Time'는 흥미로운 조사 결과를 소개하고 있다. 전 세계 각국 근로자 203,756명 - 이 가운데 브라질인 근로자는 11,282명 - 을 대상으로 진행된 설문조사 결과, 직장 내 행복(happiness on the job)과 관련하여 브라질인 종업원은 급여 관련 요인보다 다른 업무 경험 관련 요인, 예를 들어 자기 일의 중요성을 인정받는 것, 학습 및 경력 개발 가능성 등을 훨씬 중시하는 것으로 나타났다. 전 세계 경향도 이와 비슷한 모습을 보였는데 상위 10개 직장 내 행복 요인 가운데 급여 관련 요인을 전혀 찾아볼 수 없다는 점은 특히 흥미롭다. 또한, 해당 보고서는 업무 경험 관련 요인을 중시하는 이러한 브라질 근로자의 성향이 조직 내 직위, 교육 수준, 회사 크기, 산업 종류 등과 상관없이 일관되게 나타난다고 보고했다. 구체적인 조사 결과는 <표 23>과 같다.

<표 23> 상위 10개 직장 내 행복 요인

	브라질	라틴 아메리카	전 세계
자기 일의 중요성에 대한 주변의 인정 (appreciation for one's work)	1	3	1
학습 및 경력 개발 가능성 (learning and career development)	2	1	6
일과 삶의 균형(good work-life balance)	3	2	3
상사와의 관계(relationship with superiors)	4	9	4
동료와의 좋은 관계(relationship with colleagues)	5	10	2
회사의 가치(company's value)	6	6	10
회사의 재무적 안정성(company's financial stability)	7	4	5
책임감과 함께 업무를 주도할 기회 (opportunity to lead and take responsibility)	8	5	11
고용주에 대한 평판(employer reputation)	9	13	14
흥미로운 업무 내용(interesting job content)	10	12	9

(출처: The Boston Consulting Group, 2016, p. 3)

<표 23>과 관련하여 한 가지 짚어 볼 만한 점은 브라질의 경우 회사의 가치 또는 고용주에 대한 평판이 상대적으로 훨씬 중시된다는 것이다. 이는 아마도 최근 브라질 경제의 침체와 함께 부실기업이 증가하면서 많은 근로자가 고용안정을 심각한 문제로 걱정하기 시작했기 때문에 나타나는 결과로 보인다.

이러한 연구 결과를 바탕으로 브라질인 종업원의 동기부여와 관련하여 다음과 같은 제언을 할 수 있을 것이다. 첫째로, 현재 브라질 기업에서 발생하고 있는 각종 인적자원 관련 문제, 예를 들어 숙련된 노동자 수급의 어려움, 낮은 노동생산성 또는 잦은 노동법 관련 법적 분쟁 등은 브라질 노동자의 차원의 문제가 아닌 브라질 사회의 구조적 특성으로 말미암아 나타나는 문제로 보는 것이 타당할 것이다. 둘째로, 이미 위에서 언급한 바와 같이 능력 있는 브라질 종업원을 채용하고 이들을 효과적으로 동기 부여하기 위해서는 급여, 보너스 및 각종 물질적 보상 외 추가적인 조치가 필요할 것이다. 특히, 이들이 맡은 업무와 관련하여 기업이 효과적으로 감사를 표시할 수 있으며 일과 삶의 균형을 추구하고 긍정적인 동료의식을 심어줄 수 있으며 이들에게 바람직한 학습 및 경력 개발 가능성을 제공할 수 있는 기업은 경쟁우위를 창출할 수 있을 것이다.

07
인적자원관리

학습내용:
- 인적자원관리의 중요성을 이해하고 인적자원관리 과정의 내용을 학습한다.
- 브라질 인적자원관리에 중대한 영향을 미치는 브라질 노동법의 기본 내용을 숙지한다.
- 브라질 내 효과적인 인적자원관리 방안에는 무엇이 있는지 살펴본다.

7.1. 인적자원관리의 기초

7.1.1. 인적자원관리의 개념의 정의와 역사적 변천 과정

인적자원관리(human resource management, 이하 HRM) 개념은 크게 두 가지 차원, 즉 1) 기능적 그리고 2) 전략적 차원에서 정의될 수 있다. 첫째로, 기능적 차원에서 HRM은 '조직 구성원의 체계적 관리 과정'을 의미한다. 이후 HRM 과정을 소개하면서 더욱 자세하게 다루겠지만 이는 유능한 인적자원을 확보하는 것은 물론, 이들에게 업무 수행에 필요한 교육훈련을 제공하고 실제 업무 성과를 평가하며 이에 따른 합당한 보상을 지급하고, 더 나아가 이들의 경력 개발을 돕는 등 조직 내 인적자원을 최대한 효율적으로 활용하기 위한 일련의 관리적 활동을 지칭한다. 둘째로, 전략적 차원에서 HRM은 '조직 성과를 높이고 경쟁우위를 창출할 수 있는 조직문화를 개발하기 위해 조직의 인적자원과 전략적 목표를 서로 연결하는 것'으로 정의될 수 있다. 이러한 HRM의 두 가지 정의는 사실상 HRM 개념의 역사적 변천 과정과 깊은 관계를 맺는다. 따라서, 이를 살펴보는 것은 HRM 개념을 더욱 정확하게 이해하는 데에 많은 도움이 될 수 있을 것으로 판단되며, 따라서 Itika(2011)의 논의를 중심으로 잠시 지면을 할애해 관련 내용을 설명하고자 한다.

근대적 의미의 HRM은 1차 세계대전 이전 전쟁 준비에 여념이 없던 영국, 프랑스, 스페인, 이탈리아 그리고 독일 등 서유럽 국가에서 처음으로 등장했다. 당시 컨베이어 벨트 시스템의 발명과 함께 인류 역사상 최초로 - 보통, 포드주의(Fordism)로 불리는 - 대량 생산이 가능해지면서 기업은 대규모로 노동자를 고용하기 시작했으며 이에 수많은 노동자를 효과적으로 관리할 방안에 관한 실무적 차원의 관심이 높아지기 시작했다. 이를 위해 여러 기업은 사내 소위 '복지 담당관(welfare officer)'을 임명하고 구내식당 등과 같은 직원 복지 시설을 마련하는 등 사실상 처음으로 직원 복지에 신경 쓰기 시작했다. 이후 양차 대전 사이 1920~30년대 HRM은 본격적으로 발전하기 시작했다. 기업 크기가 커지고 생산성 향상의 압박이 심해지면서 직원을 모집하고 선발하며 교육하고 성과를 평가하며 보상을 지급하는 일련의 HRM 활동이 하나의 부서에서 조직적으로 이루어졌다. 이와 더불어 HRM 활동이 점차 전문성을 띠기 시작하면서 담당자의 호칭도 과거 '복지 담당관'에서 '인사행정관(personnel administrator)'으로 변하기 시작했다.

이후 양차 대전이 끝나고 1940~50년대 관리의 인간적인 측면을 강조하는 인간관계 학파(human relations' school)의 주장이 널리 힘을 얻기 시작하면서 - 예를 들어, 위에서 소개된 X/Y이론 등 - HRM 분야에서도 종업원을 도구가 아닌 한 인격체로 바라보고 이에 맞추어 HRM 시스템을 새롭게 조직해야 한다는 목소리가 점차 커지기 시작했다. 또한, 같은 기간 동안 초기 동기부여 이론이 학계에 소개되고 이것이 실무계의 커다란 반향을 불러일으키면서 HRM 현장에서 종업원의 동기부여를 위해 업무의 '질'을 높일 수 있는 다양한 방안에 대한 논의가 활발하게 이루어지기 시작했다. 이러한 인식의 변화와 더불어 HRM의 '관리적(administration)' 차원과 '경영적(management)' 차원이 개념적 차원에서 점차 뚜렷하게 구분되기 시작했다.

이후 1950~60년대는 현재 기업에서 이루어지고 있는 각종 HRM 활동의 틀이 이론적 그리고 실무적 차원에서 완전히 자리 잡은 시기로 볼 수 있다. 당시 특히 강조된 바 있는 HRM 활동으로는 조직개발(organizational development, OD), 체계적인 교육훈련, 인력 계획(manpower planning) 등을 꼽을 수 있다. 더불어, 채용, 교육, 성과 평가, 보상 지급 분야 등에서도 이전보다 정교한 시스템이 개발, 적용되기 시작했다. 그리고 노사관계에서도 노동법에 정통한 HR 관리자가 사용자 측의 대표로 노사협상에 참여하기 시작하는 등 각종 변화가 나타났다. 결과적으로 이 시기는 HRM이 학술적 그리고 실무적 차원에서 하나의 전문 분야로서 완전히 꽃을 피운 시기로 볼 수 있을 것이다.

하지만 1970~80년대 신자유주의(neo-liberalism) 시대가 본격적으로 도래하면서 HRM도 또다시 큰 변화를 경험하기 시작한다. 영국의 Margaret Thatcher 수상 그리고 미국의 Ronald Regan 대통령 등으로 상징되는 신자유주의 시대의 물결과 함께 국가가 노동자의 권익을 지나치게 보호하고 있다는 시각이 우세해지기 시작하면서 노동시장의 유연성이 크게 높아졌으며, 더불어 각종 HRM 활동의 비용 대비 효과와 관련하여 더욱 엄격한 잣대가 적용되었다. 이와 관련하여 특히 흥미로운 점은 1970년대 사용되던 '인사관리(personnel management)'라는 용어가 1980년대부터 점차 사라지고, 대신 '인적자원관리(human resource management)'라는 용어가 그 자리를 대신 차지했다는 점이다. '인사'에서 '인적자원'으로의 용어 변경은 시장 논리를 강조하는 신자유주의 시대의 가치관의 영향에 따른 결과로 볼 수 있을 것이다.

이후로 이어진 1980~90년대는 독일과 일본 기업 등의 약진과 더불어 기업 간 경쟁이 격화되고 이에 따라 시장 환경의 불확실성이 높이 증가한 시기로 요약할 수 있을 것이다. 이러한 상황에서 많은 기업은 비주력 사업을 팔아넘기거나 혹은 반대로 주력 사업의 강화를 위해 인수합병에 매진하는 모습을 보였으며, 이는 결국 대량 실업 사태로 이어졌다. 이러한 사회 경제적 변화 속에서 HRM 활동도 불확실한 시장 상황에 적응해야 할 필요성이 강조되기 시작했으며, 이는 결과적으로 전략적 인적자원관리(strategic human resource management, 이하 SHRM) 분야의 발전으로 이어졌다. 또한, 기업 간 경쟁의 격화와 더불어 대부분 기업이 다운사이징(downsizing)을 통해 종업원 수를 줄이고 개별 종업원의 전문화를 강조하면서 능력 있는 인재를 확보하는 것이 큰 관심사로 대두되기 시작했으며, 더불어 이들이 창의적이고 혁신적으로 일할 수 있는 업무 환경을 조성하는 데 많은 관심이 이어졌다. 이와 관련하여 특히 모집과 채용 그리고 교육훈련과 보상 부분에서 고성과자를 확보할 수 있는 다양한 HRM 기법이 도입되었다. 또한, 기술 발전 속도가 이전과 비교할 수 없을 정도로 빨라지면서 지속적인 종업원 교육훈련 제도가 기업 내 처음으로 등장하기 시작했다. 더불어, 과거 집단적 차원에서 이루어지던 노사관계의 흐름이 개인적 차원에서 경영자와 노동자 개인 간 협상으로 바뀌기 시작하면서 전 세계적으로 노동조합 및 노동법의 중요성이 줄어들기 시작했다. 이러한 현상은 현재까지도 이어지고 있다.

결과적으로, 이러한 환경의 변화에 따라 HRM의 성격도 진화하는 모습을 보였다. 과거 HRM이 '관리' 즉 HRM의 기능적 차원을 중요시했다면, 현재 HRM은 '경영', 즉 HRM의 전략적 차원을 훨씬 중시하는 모습을 보인다. 더불어, 이러한 흐름은 정보통신기술의 발전과 더불어 반복적으로 이루어지는 HRM 활동 가운데 상당수가 자동화되거나 혹은 심지어 특히 기업 규모가 작은 경우 아웃소싱이 가능해지면서 더욱 가속화되는 모습을 보였다.

7.1.2. 인적자원관리 과정

이미 위에서 몇 번 언급했지만, 인적자원관리 과정, 즉 HRM 과정이라 함은 새로운 인적자원을 확보하고 이들에게 필요한 기술과 지식을 공급하며 성과를 평가하고 보상을 지급하는 일련의 관리 활동을 지칭한다. 이러한 HRM 과정은 크게 세 가지 덩어리, 즉 1) 유능한 종업원을 채용하기 위한 활동, 2) 종업원에게 필요한 기술과 지식을 공급하기 위한 활동 그리고 마지막으로 3) 고성과자가 자신의 업무에 만족하고 꾸준히 성과를 낼 수 있도록 돕는 활동으로 구분할 수 있다. 이와 더불어, 이러한 HRM 과정은 이미 HRM 개념의 역사적 변천 과정에서 살펴본 바와 같이 거시경제, 노동시장, 법제도 - 특히, 노동법 - 등과 같은 외부 환경의 영향을 강하게 받는다. 이를 도식화하면 <그림 9>와 같다.

<그림 9> 인적자원관리 과정

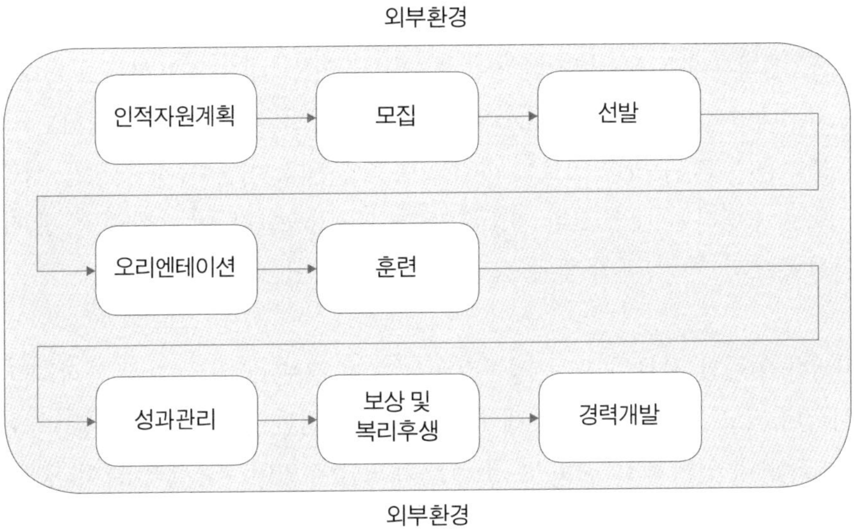

(출처: Robbins & Coulter, 2012, "Management", p. 350)

인적자원계획

인적자원계획 - 또는, 비슷한 의미로 인력 계획 - 이란 현재 조직 내 구체적인 인적자원 현황을 파악하고 이를 통해 앞으로 어떠한 인적자원이 필요한지 예상하는 것을 의미한다. 이는 다음과 같은 작업을 통해 이루어진다.

1) 직무분석(job analysis): 이는 조직 내 어떤 일, 즉 직무가 어떤 목적으로, 어떻게 그리고 어떤 장소에서 수행되는지 그리고 이를 수행하는 데 요구되는 지식, 능력, 기술, 경험, 책임 등이 무엇인지 파악하는 것을 의미한다. 이는 직무에 대한 직접관찰, 종업원 면접 또는 설문조사, 작업일지 및 '결정적' 사건 분석 등과 같은 방법으로 이루어질 수 있다. 직무분석 결과물은 아래 두 가지 기술서로 명시된다.
2) 직무기술서(job description): 이는 직무분석을 통해 수집된 정보를 바탕으로 개별 직무의 내용, 환경, 근무 조건, 업무 수행에 필요한 기자재, 업무 시 위험 노출 정도 등을 기술한 것을 의미한다. 예를 들어, X사의 자재 창고에서 자재

관리를 책임지는 종업원은 구체적으로 어디서 무슨 일을 어떻게 해야 하며 급여는 얼마나 받고 근무 시간은 어떠하며 기타 성과급 및 복지 조건은 어떠한가? 직무기술서는 이러한 질문에 답할 수 있는 내용을 포함하고 있다.

3) 직무내역서(job specification): 직무기술서와 마찬가지로 직무내역서도 직무분석을 통해 수집된 정보를 바탕으로 작성된다. 이는 특정 직무를 성공적으로 수행하는 데 필요한 최소한의 자격을 기술한다. 이는 학력, 특정 기술, 신체 조건, 경력, 책임 범위, 감정 노동 여부 등을 포함할 수 있다.

이러한 일련의 정보가 모두 성공적으로 모인 경우, 조직은 현재 조직 내외부에서 진행되고 있는 모든 일에 대해서 매우 구체적인 정보를 가지게 되며, 이는 향후 조직 내 인적자원 수요 및 공급을 계획함에 있어서 - 예를 들어, 충원 및 정리 - 기본 자료로 활용된다.

모집

모집(recruitment)이란 유능한 지원자를 찾고 이들에게 채용 관련 정보를 제공함으로써 지원을 유도하는 것을 의미한다. 모집은 먼저 내부 모집과 외부 모집, 그리고 외부 모집의 경우 공개 모집과 추천 모집 등으로 나눌 수 있다. 내부 모집은 조직이 필요로 하는 인력을 외부가 아닌 현 종업원 가운데서 충원하는 것을 의미한다. 내부 모집은 기존 종업원에게 동기를 부여할 수 있으며 이미 검증된 인재를 채용할 수 있고 비용이 적게 든다는 점에서 긍정적인 측면을 가지고 있지만, 특히 치열한 경쟁이 이루어지는 경우 탈락자의 사기 저하가 우려되며, 심한 경우 파벌을 형성할 수 있다는 단점을 가진다.

반면, 외부 모집은 필요한 인력을 외부에서 충원하는 것을 의미한다. 공개 모집의 경우 보통 인터넷, 회사 홈페이지, 학교 취업센터, 전문취업기관 등의 도움을 받아 모집이 이루어진다. 반면, 추천 모집의 경우 공개적으로 모집 광고를 내지 않고 주로 회사 내부 종업원이 추천하는 지원자를 중심으로 모집이 이루어진다. 물론, 때에 따라 조직은 충원이 아닌 아웃소싱 및 간접고용 등을 통해 필요한 인력을 확보할 수도 있다.

인터넷을 통한 모집은 매우 간편하며 손쉽게 지원자를 분별할 수 있으므로 가장 많이 쓰이지만 이를 통해 모인 지원자의 자격은 다른 방법으로 모인 지원자의 자격보다 떨어질 가능성이 크다. 흥미로운 점은 상당수 선행 연구가 가장 좋은 모집 방법으로 공개 모집보다 종업원 추천 모집을 꼽고 있다는 점이다. 일반적으로, 종업원 추천 시 추천인은 자신의 명성에 흠이 되지 않을 만한, 그리고 기존 조직문화에 잘 어울리는 사람을 추천하는 경향을 보인다는 점에서 종업원 추천 모집 제도는 분명 좋은 점을 여럿 가지고 있다. 반면, 단점으로는 임용 과정에서 외부의 압력이 개입되는 등 악용의 소지가 있다는 점에서 주의를 요한다.

선발

선발은 지원자 접수가 끝난 후 지원서를 검토하고 직무에 가장 적합한 인원을 선별하는 것을 의미한다. 선발의 중요성은 아무리 강조해도 지나치지 않을 것이다. 지원자 가운데 유능한 인재를 골라내는 것도 물론 중요하지만, 완전히 잘못된 선발로 조직에 해를 입힐 수 있는 사람을 선발하는 것 또한 치명적인 결과로 이어질 수 있기 때문이다. 이러한 맥락에서 HR 관리자는 선발 과정의 오류를 최소한으로 줄일 수 있는 수단을 취할 필요가 있다. 선발 과정에서 발생할 수 있는 오류는 두 가지로 구분하여 볼 수 있다.

1) 기각 오류: 직무 수행을 잘 할 수 있는 지원자를 기각하는 오류
2) 채택 오류: 채택된 지원자가 실제로는 직무 수행 능력이 형편없는 경우

이러한 오류를 줄이기 위해서는 선발 과정이 높은 타당성(validity)과 신뢰성(reliability)을 가질 수 있어야 한다. 여기서 타당성이란 필기시험, 면접 등과 같은 선발 도구가 실제로 측정해야 할 대상을 측정하고 있는지 혹은 그렇지 않은지 여부를 의미한다. 예를 들어, 만약 필기시험에서 높은 점수를 받은 지원자가 오히려 업무 성과는 낮다면 필기시험은 지원자의 업무 능력을 제대로 측정하고 있지 못하다고 할 수 있으며, 이는 결국 필기시험의 타당성이 낮다는 것을 의미한다. 반면, 신뢰성이란 선발 도구가 대상을 정확하게 측정하고 있는지 혹은 그

렇지 않은지 여부를 의미한다. 예를 들어, 업무 능력이 같은 두 지원자가 함께 필기시험을 봤는데 두 명의 점수차가 매우 크게 난다면 필기시험의 신뢰성은 낮다고 할 수 있다. 줄자와 비교해서 이를 설명하면 신뢰성이 낮다는 것은 줄자의 눈금이 들쑥날쑥한 것과 같다. 물론, HR 관리자는 선발 과정의 타당성과 신뢰성을 높이기 위해 노력해야 할 것이다. 예를 들어, 현실적 직무 소개(relaistic job preview) 등과 같은 방법은 좋은 예가 될 수 있을 것이다. 선발 과정에서 또 한 가지 고려할 점은 선발 전략의 선택 문제이다. 선발 전략은 - 물론 여러가지가 있을 수 있지만 - 크게 두 가지, 즉 1) 개인-직무 적합성(person-job fit, PJF) 또는 2) 개인-조직 적합성(person-organization fit, POF) 가운데 하나를 고려할 수 있다.

오리엔테이션과 훈련

물론, 유능한 인적자원을 뽑았다고 해서 이들이 모두 높은 업무 성과를 보이는 것은 아니다. 이를 위해서 이들에게 필요한 지식과 기술을 효과적으로 공급하는 것은 매우 중요하다. 오리엔테이션은 입사 초기 회사 부서 및 동료 직원 등을 소개하거나 회사 목표, 철학, 역사, 절차와 규칙 등을 숙지하는 것 등을 포함한다. 좋은 오리엔테이션은 새로운 입사자의 첫인상을 좌우하며 특히 입사 초기 이직을 줄일 수 있다는 점에서 중요한 역할을 한다.

이어지는 교육훈련(training and development)을 통해 종업원은 업무 수행에 필요한 지식과 기술을 습득한다. 물론, 교육훈련은 여러 다양한 방법으로 이루어질 수 있다. 몇 가지 일반적인 방법은 다음과 같다:

1) 직장 내 훈련(on-the-job training, OJT): 직무에 종사하면서 직속 상사를 통해 지도 교육을 받는 것
2) 순환보직: 일정 기간 다양한 보직에서 여러 과업을 접하는 것
3) 멘토링(mentoring) 및 코칭(coaching): 숙련된 종업원과 같이 일하면서 도움을 받는 것
4) 경험적 훈련(experiential training): 역할분담 놀이, 시뮬레이션, 대면 형태의 훈련

5) 작업서 및 매뉴얼: 작업서 및 매뉴얼을 정독, 습득하는 것

6) 교실 수업: 일반적인 강의

물론, 효과적인 학습을 위해 HR 관리자는 다양한 교육 방법을 고안할 수 있다. 하지만 몇몇 연구 결과는 의외로 일반 교실 수업의 효과가 다른 "특별한" 훈련 방법과 거의 비슷한 효과를 보인다고 주장한 바 있다. 이 외에도 HR 관리자는 직장 내 성희롱 관련 교육, 안전 교육 등도 신경 쓸 필요가 있을 것이다.

성과 관리

당신이 학교에서 얼마나 학업에 열심히 매진하고 있는지 제대로 측정하기 위해서는 어떠한 방법을 사용하는 것이 가장 바람직할까? 절대평가가 좋을까, 상대평가가 좋을까? 각각의 방법은 저마다의 고유한 강점과 약점을 가진다. 비슷한 맥락에서 어떤 종류의 시험이 당신의 성적을 가장 공정하게 평가한다고 생각하는가? 주관식 문제가 좋을까? 객관식 문제가 좋을까? 아니면 교수 앞에서 구두로 발표하는 것이 좋을까? 아니면 뭔가 다른 더 좋은 방법이 있을까?

성과를 올바로 평가하기는 절대 쉽지 않은 작업이다. 예를 들어, 초등학교 성적표를 기억해보자. 물론, 성적표에는 점수로 환산된 시험 점수가 기재되어 있지만, 교우 관계나 수업 태도 등에 대한 평가는 담임 교사가 직접관찰을 바탕으로 기재한 몇몇 문장을 통해 이루어진다(예. 위 학생은 교우 관계가 원만하며 수업 시 발표를 잘한다). 이처럼 성과 평가 방법은 여러 가지가 있으며, 상황에 따라 여러 가지 방법을 함께 사용할 수도, 또는 한 가지 방법으로 평가할 수도 있다. 이와 같이 HR 담당자는 종업원의 다양한 업무 특성을 고려, 이에 적합한 성과 평가 방법을 고안해야 할 것이다. 몇 가지 대표적인 성과 평가 방법을 소개하면 다음과 같다:

1) 상대평가

i. 단순서열법(simple ranking): 성과에 따라 일렬로 종업원의 순위를 매기는 방식; 일등부터 꼴찌까지 줄 세우는 방식과 성과가 가장 높은 종업원, 가장 낮은 종업원, 두 번째로 높은 종업원, 두 번째로 낮은 종업원 순으로

교차하여 평가하는 방식으로 나눌 수 있음(alternation ranking)

ii. 강제할당법(forced-distribution method): 미리 정해진 비율에 따라 종업원의 성과를 분류, 평가하는 방식(예. 최상위 5%, 상위 25%, 중위 55%, 하위 10%, 최하위 5%)

iii. 쌍대비교법(paired-comparison method): 모든 종업원의 성과를 1:1로 비교한 후 줄을 세우는 방식(예. 부서 내 15명이 근무하는 경우 총 105번의 비교가 이루어져야 함)

2) 개인평가

A. 특성 평가

i. 도식 평정척도법(graphic rating scale): 지도력, 기획력, 판단력 등과 같은 업무에 필요한 특성을 수우미양가 또는 ABCDE 등으로 평가하는 방법

ii. 혼합 표준척도법(mixed-standard scales): 도식 평정척도법과 비슷하지만, 평가자는 개별 특성을 더욱 자세하게 설명하는 문장을 읽고 이를 기준으로 평가함; 예를 들어, '추진력'이란 특성을 평가하는 경우 도식 평정척도법은 단순히 이를 뭉뚱그려 1~5점으로 평가하지만, 혼합 표준척도법은 이를 수준에 따라 몇 개의 문장으로 나누어 설명한 후(예. 높은 수준: 해당 직원은 상사의 지시가 없어도 일을 스스로 찾아서 하는 편임; 보통 수준: 해당 직원은 일을 도맡아서 하려고 하지만 종종 상사의 도움이 필요함; 낮은 수준: 해당 직원은 위로부터 지시가 주어지지 않는 경우 앉아서 기다리는 경향을 보임) 각 문장에 대한 동의 여부를 묻고 평가를 함

B. 행동 평가

i. 중요사실 기록법(critical-incident method): 중요 사실 발생 시 직원이 어떻게 행동했는지 기록을 남기고 이를 바탕으로 평가하는 방법; 예를 들어, 고객이 제품에 불만을 느끼고 서비스 센터를 방문한 경우 해당 직원은 이 문제를 어떻게 해결했는지, 혹은 해결하지 못했는지 기록함

ii. 행위기준 평정척도법(behaviorally anchored rating scale, BARS): 업무 준비, 훈련 미팅 참가, 고객 우대 등과 같은 업무 완수에 필요한 행위를 5점 또는 7점 척도로 평가하는 방법; 평가의 기준이 되는 행위는 중요사실

기록법을 통해 파악될 수 있음

iii. 행위관찰 평정척도법(behavioral observation scale, BOS): BARS의 경우 측정 대상 행위를 하나의 공통 개념으로 묶어 - 예를 들어, 업무 준비 등 - 이를 1~5 또는 1~7점 척도 등으로 평가하지만 BOS는 업무 준비와 관계된 다양한 행동을 자세하게 풀어서 개별적으로 묻고 평가함

iv. 조직행동수정(organizational behavior modification, OBM): BARS 또는 BOS 등과 같이 직원의 행동을 평가한 후 피드백 과정을 거쳐 행동이 얼마나 수정되었는지 재차 평가함

3) 결과평가

i. 목표관리(management by objectives, MBO): MBO란 조직 내 모든 조직 구성원의 목표가 조직의 최종 목표와 수직적으로 긴밀하게 연동되는 것을 의미하며, 따라서 개별 종업원의 평가도 이들에게 개별적으로 주어진 목표 완수 여부, 즉 결과를 중심으로 이루어짐; 일반적으로, 목표는 위에서부터 일방적으로 주어지는 것이 아닌 상사와 직원 간 합의를 바탕으로 결정됨

4) 품질평가

i. 전사적 품질경영(total quality management, TQM): 고객과 종업원이 함께 평가 기준을 마련하고 이를 바탕으로 성과 평가가 이루어지는 것; 최종 목표는 고객 만족을 극대화하는 것임

5) 360도 다면평가(360 degree feedback)

i. 360도 다면평가: 상사가 일방적으로 부하 직원을 평가하는 것이 주변의 여러 사람, 즉 상사의 상사, 직속 상사, 동료, 평가 대상자의 부하 직원, 고객, 외부 전문가 등이 평가를 한 후 결과를 종합함

보상 및 복리후생

모든 종업원은 자신이 속한 조직으로부터 정당한 보상을 받기 원한다. 만약 고성과자가 저성과자가 같은 보상을 받는다면 이는 유능한 종업원의 동기부여에 부정적인 영향을 미칠 수 있을 것이다. 이러한 면에서 보상은 조직이 유능한 종업원을 계속 보유하고 이들에게 동기를 부여하는 데 있어서 매우 중요한 역할을 한다. 보상은 크게 두 가지 부분, 즉 1) 기본급(base pay)과 2) 변동급(variable pay)으로 구성되며 여기에 추가로 각종 수당(benefit)이 주어질 수 있다. 기본급은 크게 네 종류로 나눌 수 있으며 각각의 종류를 서로 절충하여 사용하는 것도 가능하다.

1) 연공급: 근속 연수를 기준으로 임금을 산정; 승진 및 승격 중심 인사체계
2) 직무급: 직무의 상대적 가치를 평가하고 그 가치에 따라 임금을 산정; 동일노동 동일임금 논리가 적용 가능하며 개별급의 성격을 가짐
3) 직종급: 직무(job)의 상위 개념인 직종(job family)을 기준으로 임금을 산정; 집단급의 성격을 가짐
4) 직능급: 직무를 수행하는데 요구되는 능력을 기준으로 임금을 산정; 동일능력 동일임금

변동급의 경우 보통 추가 성과 발생 시 개인 또는 팀에게 지급된다. 또는 때에 따라 경기 및 성과 변동이 심한 경우 임금 수준을 조정하기 위해 쓰일 수도 있다. 경쟁력 있는 보상 시스템을 갖추는 것은 매우 중요하다. 이를 위해 HR 관리자는 전체 급여 액수는 물론 급여 등급, 급여 범위, 조직 내 급여 차이 등을 세심하게 고려할 필요가 있다.

7.2. 브라질 기업 인적자원관리

본 장에서는 브라질 기업의 일반적인 HRM 행태를 자세하게 살펴보고자 한다. 먼저 HRM 활동에 영향을 미칠 수 있는 각종 외부 환경 변수 가운데 특히 노동법은 브라질에서 비즈니스를 영위하는 모든 기업의 HRM 과정 전체에 결정적인 영향을 미치며, 따라서 이를 먼저 살펴본다. 이어지는 글에서는 브라질 기업의 일반적인 HRM 행태를 HRM 과정 순으로 정리하고자 한다.

7.2.1. 브라질 노동법

브라질 노동 관련 법률은 1) 1998년 개정된 연방헌법, 2) 1943년 제정된 노동법(Consolidação das Leis do Trabalho, 이하 CLT), 3) 사회보장법, 4) 근로자 퇴직급여 보장법(Fundo de Garantia por Tempo de Serviço, 이하 FGTS), 5) 고용노동부(Ministério do Trabalho e Emprego, MTE)가 제정한 각종 특별 규칙 그리고 마지막으로 단체교섭 협상 결과 등을 포함한다. 연방헌법의 경우 특히 6~8조에서 노동 관련 내용을 다루고 있으며 노조의 합법화, 단체교섭(collective bargaining), 공공 및 민간 부문 파업권, 연장근로 시급, 최저임금, 최장 근로시간 등을 규정하고 있다. 반면, 약 900조로 구성된 노동법의 경우 연방헌법에서 제시된 내용에 관한 각종 세부 기준을 규정하고 있다.

브라질 노동법과 기타 모든 관련 부속 법률 및 규제는 기본적으로 고용주와 근로자 간 불평등이 존재한다는 사실을 전제로 하며, 따라서 근로자의 권익을 보호하는 데 초점이 맞춰져 있다. 노동법의 기본 원칙은 모든 형태의 노동계약에서 의무적으로 준수되어야 하며 근로자도 그 혜택을 거부할 수 없다. 이에 반하는 모든 노동계약은 무효화 될 수 있다. 기본 원칙의 내용은 다음과 같다:

브라질 노동법의 기본 원칙

1) 최저임금 보장의 원칙: 모든 근로자는 법적으로 최저임금 이상을 받아야 하며 이보다 낮은 임금을 받으면 차액을 보전받을 수 있다. 최저임금은 매년 연말에 결정되며, 다음 해 1월 1일부터 적용된다. 참고로 2018년 기준 최저임금은 954헤알(약 31만 원, 1달 기준)이다.
2) 봉급삭감 금지의 원칙: 고용주는 근로자의 봉급을 삭감할 수 없다. 반면, 단체협상을 통해서 합의가 이루어지면 예외적으로 삭감할 수 있다.
3) 동등대우의 원칙: 근로자는 동종 업종에서 비슷한 직무를 맡은 다른 근로자와 비슷한 급여를 받아야 한다. 이러한 맥락에서 비슷한 업무를 맡은 정규직과 비정규직 간 차별도 금지되어 있다.
4) 퇴직보장기금의 원칙: 모든 근로자는 근무연한에 따라 지급되는 퇴직수당을 및 기금을 받을 권리가 있다.
5) 현지인력 고용 의무(2/3 비율 원칙): 브라질에서 비즈니스를 영위하는 모든 기업 - 외국계 다국적기업 포함 - 은 브라질 국적자를 전체 인력 가운데 최소 2/3 이상 고용해야 하며 총임금의 2/3를 이들에게 지급해야 한다. 마찬가지로, 해고 시 기업은 브라질 국적자를 먼저 보호해야 한다.
6) 고용인-피고용인 관계: 고용인과 피고용인 간 '복종 관계'가 성립되는 모든 고용 관계는 노동법의 규제를 받는다.

더불어, 노동 관련 법률에 따라 고용자는 다음과 같은 최소한의 고용 기본 조건을 충족해야 한다.:

브라질 노동법에 규정된 최소 근로조건

1) 최저임금 이상 또는 단체협상을 통해 결정된 임금
2) 30일 유급휴가 및 추가 휴가비 지급(월급의 1/3)
3) 최고 하루 8시간, 일주일 44시간 근무
4) FGTS 적립

5) 13번째 임금: 브라질 특유의 제도로 매년 연말 1개월 치 급여를 지급하며 필요하면 두 차례로 나누어 지급할 수 있음
6) 시간 외 근로는 1일 최고 2시간에 한하며 일반 시급의 50%를 추가로 지급
7) 해고 시 최소 30일 전에 통보가 이루어져야 함

근로자가 자발적으로 퇴직하는 경우 근로자는 근로 기간 동안 발생한 모든 법적 권리를 받고 퇴사하면서 고용 관계가 종료된다. 반면, 근로자가 자발적으로 퇴직하지 않는 경우는 몇 가지로 나누어 볼 수 있다. 첫째로, 고용주의 귀책사유 - 예를 들어, 지나친 근로 시간, 근로계약서와 일치하지 않는 업무, 필요 이상의 엄격한 요구, 위험한 환경, 명예훼손 등 - 로 근로자가 어쩔 수 없이 합의 사직하는 경우를 꼽을 수 있다(간접해고). 이 경우 고용주는 모든 수당은 물론, 추가로 FGTS 적립액의 20%를 벌금으로 내야 하며 근로자는 적립액의 80%까지 즉각 받을 수 있다(2017년 11월 개정안; 이전에는 FGTS 적립액의 40%를 벌금으로 지급). 둘째로, 고용주가 정당한 사유로 - 예를 들면, 직권 남용, 범법 행위, 기밀 누출, 규율 위반, 고용주 및 직속 상사의 명예훼손 등 - 근로자를 해고하는 경우를 꼽을 수 있다. 이 경우 추가 벌금은 발생하지 않는다. 마지막으로, 정리해고는 금지사항은 아니지만, 단체교섭 없이 일방적으로 행해지는 정리해고는 무효 처리되며, 이 경우 해고된 근로자를 재고용해야 한다. 이러한 노동법 규정으로 말미암아 브라질 노동자는 자신이 원해서 자발적으로 퇴직하더라도 되도록 퇴직 사유를 고용주에게 귀책함으로써 회사로부터 벌금을 받으려는 경우가 잦으며, 이는 소송 남발로 이어진다. 이는 해고제도가 기본적으로 해고 발생 시 근로자가 받을 수 있는 고통에 대한 보상을 규정하는 데 초점이 맞춰져 있기 때문이다.

기간제 근로자, 즉 비정규직 근로자는 합당한 사유가 있어야만 고용이 가능하며 어떠한 경우에도 2년을 초과할 수 없다. 만약 기간제 근로자가 2년을 초과하여 근무하는 경우 자동으로 무기 근로자로 전환된다. 더불어 위에서 언급된 동등대우의 원칙에 따라 기간제 근로자는 같은 일을 하는 무기 근로자와 같은 임금을 받을 수 있다.

브라질에서 노조 설립 권리는 기본권의 하나로 인정되며 모든 근로자는 몇몇 예외적인 경우를 제외하고 고용과 동시에 업종에 따라 자동으로 노조에 가입

된다. 파업권도 헌법에 따라 인정되며, 노동법원이 파업을 합법적인 것으로 판단하는 경우 파업 기간 근로 일수를 임금에서 차감할 수 없다. 또한, 고용주는 파업을 방해하고 실력 행사를 목적으로 사업장을 폐쇄(lockout)할 수 없다. 브라질 노조는 코포라티즘[12)](state corporatism) 전통을 바탕으로 형성되었기 때문에 기본적으로 사용자와 대립적으로 각을 세우는 일은 상대적으로 적은 편이다.

더불어, 직장에서 자신의 권리가 침해받고 있다고 생각하는 근로자는 고용주를 상대로 노동 소송을 제기할 수 있다. 한국 기업의 경우 주로 정신적 피해를 이유로 근로자로부터 고소를 당하는 경우가 빈번한데 그 예로 근로자의 목표 미달 또는 실적 부진 등을 공개하고 면박을 주는 행위, 휴직자에 대한 불평등 대우 또는 욕설, 비하, 모욕 등을 꼽을 수 있다. CLT는 이와 관련하여 피해보상을 받을 수 있는 구체적인 범위를 제시하고 있다. 하지만 노동 관련 소송이 빈번한 브라질에서 많은 근로자가 보상금을 받아 내기 위해 이를 악용하는 사례도 매우 잦은 편이다. 따라서 이러한 종류의 소송은 대부분 법적으로 엄격하게 잘잘못을 가리기보다 노동 법원의 중재 하에 상호 합의를 통해 해결되는 편이다.

본 교재가 집필되기 시작한 2017년 말 시점을 기준으로 CLT가 꽤 큰 폭으로 - 약 100여 개 조항 - 개정된 바 있다. 이는 앞으로 노동법의 개정 방향을 어느 정도 가늠해볼 수 있다는 점에서 살펴볼 가치가 있다. 몇몇 내용을 살펴보면 다음과 같다(KOTRA 해외시장뉴스, 2017. 7. 31.):

1) 고용주와 노조 간 합의가 CLT보다 우선됨; 이는 회사가 노사 간 합의를 통해 CLT와 상관없이 유리한 계약을 체결할 수 있음을 의미
2) 파트타임 근로자의 허용 근무시간이 늘어남(25시간⇒30시간)
3) 12시간 근무 후 36시간 휴식 조항 신설; 주로 24시간 근무가 이루어지는

12) 정부가 민간 이익단체의 활동을 강력하게 규제하고 이를 통해 상호 간 합의를 유도하는 국가 체제를 의미한다. 이 경우 노조와 사용자단체는 사실상 준정부적인 성격을 갖게 되며 노사 자율주의보다 국가 개입주의의 특성이 강하게 나타난다. 브라질의 경우 노조 설립과 관련하여 단일노동조합주의(unicidade)를 명문화하고 있다. 다시 말해, 하나의 노동조합만이 특정 지역 내에서 근로자를 대표할 수 있는 배타적인 권리를 갖는다는 것이다. 더불어 코포라티즘 전통으로 말미암아 노사 관계가 정치 영합주의적 모습을 보이는 편인데 이는 노조가 사용자 측과 지나친 대립각을 세우지 않는 원인 가운데 하나로 꼽을 수 있을 것이다.

곳에서 야간 근무자를 대상으로 함

4) IT기술의 발전에 따른 재택근무 및 간헐적 근무 관련 규정 신설; 특히 간헐적 근무의 경우 과거 기본 권리 바깥에 놓여 있었지만, 개정 이후 CLT 테두리 안으로 들어옴
5) 해고 시 FGTS 적립금의 40%가 아닌 20%를 벌금으로 지급; 근로자는 적립금의 80%까지 수령 가능
6) 과거에는 노조의 승인을 받아야 해고할 수 있었지만, 개정 이후 승인이 없어도 고용주와 근로자 합의를 통해 해고 가능
7) 노동 조합비 납부 폐지; 필수가 아닌 선택 사항으로 바뀜
8) 무료 소송이 가능한 소득 기준이 상향 조정됐으며 이를 받기 위한 심사 기준이 까다롭게 개정
9) 파견근무 조항 신설; 파견 근무자는 회사 소속 근무자와 같은 혜택을 받을 수 있음
10) 휴가 및 초과 근무와 관련하여 노조 합의에 따라 직원 전체에 일괄 적용되던 것이 이제는 고용주와 근로자 간 개별 협상 가능

전반적으로 이번 개정은 노동자보다 고용주에게 유리한 측면이 많은 것으로 평가되고 있다. 결과적으로 이는 기업의 노무 부담을 어느 정도 덜어줄 수 있을 것으로 보인다. 2017년 말 노동계의 반대 투쟁도 있었으나 개정안이 의회를 통과하면서 2017년 11월 이후로 고용된 모든 근로자는 새로운 CLT의 적용을 받고 있다. 아직 시행 초기 단계이므로 향후 변화는 속단하기 힘들지만, 개정 이후 노동 소송 수가 많게는 90% 이상 급감한 지역도 있다는 점에서 고용주로서는 분명 환영할 만한 개정으로 판단된다.

7.2.2. 브라질 기업의 인적자원관리 과정[13)]

위에서 언급한 바와 같이 이어서 본 장에서는 구체적인 브라질 기업의 HRM 활동을 과정별로 살펴보고자 한다.

모집 및 선발

이미 1장에서 잠시 살펴본 바와 같이 브라질 내 만성적인 전문기술 인력 부족 현상은 기업의 생산성 향상에 커다란 걸림돌이 되고 있다. 이는 특히 기업이 유능한 종업원을 모집, 선발하는 데 많은 어려움을 겪을 수 있음을 의미한다. 그렇다면 이러한 환경하에서 브라질 기업은 일반적으로 어떠한 채용 전략을 추구하고 있을까?

김윤호 외(2013)은 브라질의 독특한 채용 전략 가운데 하나로 직원추천제도(employee referral program)가 널리 활성화된 점을 꼽으면서 이는 브라질 조직문화의 온정주의적 특성과 소송이 빈번한 노동 제도에 따른 결과로 해석한 바 있다. 즉, 직원추천제도는 조직 내 상사-부하 간 또는 동료 간 모든 공적 관계를 가능한 한 개인화함으로써 강한 내집단을 구축하고 이를 통해 조직 내 온정주의적 분위기를 유지하고자 하는 브라질 기업 문화의 특성에 가장 적합한 채용 전략 가운데 하나가 될 수 있으며, 더불어 소송이 빈번한 브라질 노동 제도 환경하에서 현직 근로자의 추천을 받아 충원된 신규 인력은 회사를 상대로 소송을 제기할 가능성이 훨씬 낮다는 점에서 여러모로 장점을 가지고 있다는 것이다. 실제로, 브라질 기업 HR 관리자 231명을 대상으로 실시된 Linkedin 2016년 브라질 채용 동향 보고서를 따르면 "전문기술 인력 모집에 있어서 가장 중요하고 앞으로도 오래 이어질 것으로 여겨지는 경향은 무엇입니까?"라는 질문에 가장 많은 응답으로 직원추천제도가 꼽힌 바 있다(26%). 직원 추천은 일반적으로 회사에 이바지한 바가 많고 주변으로부터 높은 평가를 받는 직원이 우선권을 가지는 편이며, 자신의 친인척도 추천 대상에 포함될 수 있다.

---

13) 본 장은 주로 김윤호 외(2013)을 참조하여 작성되었다.

더불어 또 한 가지 짚어볼 만한 점은 대부분의 신규 채용이 정규직 중심으로 이루어진다는 점이다. 이는 브라질 노동법상 비정규직 채용이 인건비 절약에 별로 도움이 되지 않으며, 오히려 소송 위험만 커질 가능성이 크기 때문에 나타나는 현상으로 볼 수 있다. 더불어, 기업의 사회적 책임에 대한 압박이 상당히 강한 브라질의 사회적 환경을 고려하면 지나친 비정규직 채용은 기업에 대한 지역 공동체와 노조의 평판에 악영향을 끼칠 가능성이 크다는 점도 중요한 고려 대상이다. 정규직 중심으로 고용이 이루어지는 만큼 브라질에 진출한 외국계 다국적 기업 가운데 대다수는 특별한 문제가 없는 경우 장기근속을 보장하는 안정적인 고용 관계를 추구하는 편이다.

훈련

김윤호 외(2013)의 조사 결과를 따르면 대부분의 브라질 기업은 교육훈련 투자를 최소화하고 있다. 이들은 그 이유를 브라질 노동법과 브라질 문화의 특징에서 찾고 있다. 브라질 노동법은 근로자의 자발적 이직을 강요하는 유인을 제공하는 측면이 강한데, 이는 특히 고용주에 의한 해고의 경우 퇴직자는 FGTS의 20% - 과거에는 40% - 를 추가로 받을 수 있기 때문이다. 참고로 <그림 10>을 살펴보면 브라질의 이직률은 다른 국가보다 상대적으로 높은 것을 확인할 수 있다. 결과적으로, 이는 이직률 상승을 부추기는 결과로 이어지며, 기업이 훈련에 투자하는 것을 망설이게 만든다. 또한, Barros & Prates(1996) 브라질 문화 모형에서 한 귀퉁이를 차지하는 '방관자적 태도', 즉 '힘이 없는 자'의 운명론적 태도는 이러한 현상을 부채질하는 결과로 이어질 수 있다. 다시 말해, 브라질 근로자의 이러한 운명론적 혹은 숙명주의적 태도는 상사의 지시만을 수동적으로 이행하는 것을 선호하게끔 만들며, 마찬가지로 HRM 관리자도 이러한 근로자에게 적극적으로 교육훈련 기회를 제공할 유인을 찾지 못한다는 것이다.

하지만 김윤호(2013)의 이러한 결과는 아마도 조사 대상 가운데 상당수가 외국계 다국적 기업인 탓에 나타나는 결과일 가능성도 있다. 이미 6장 동기부여 <표 23>에서 살펴본 바와 같이 이는 브라질 근로자가 교육훈련을 통한 자기 계발에 관심이 없다는 의미로 해석되어서는 안 될 것이다. 일례로, Souza et

<그림 10> 국가별 이직률 비교

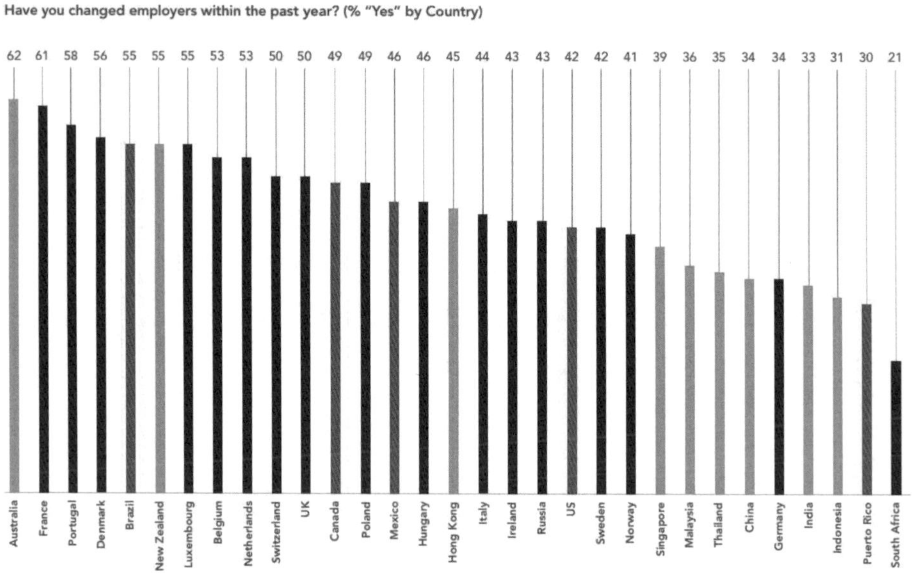

(출처: Kelly Global Workforce Index, 2013)

al.(2014)의 조사 결과를 따르면 2001~2010년 사이 브라질 학술지에 투고된 총 136편의 HRM 관련 연구에서 가장 많이 다루어진 주제는 교육훈련인 것으로 나타났다(33편). 이는 효과적인 교육훈련에 대한 관심이 브라질 내에서도 매우 높다는 방증이 될 수 있을 것이다. 물론, 브라질 노동시장의 높은 이직률을 고려하면 교육훈련에 적극적으로 투자하는 것은 매우 위험한 전략이 될 수도 있다. 하지만 동시에 HRM을 통해 경쟁우위를 확보하고자 하는 모든 브라질 진출 기업은 이러한 문제를 진지하게 고민할 필요가 있을 것이다.

보상 체계

김윤호 외(2013)는 총 10개 브라질 현지 활동 기업을 직접 방문, 이들 기업의 보상 체계를 확인한 바 있다. 조사 결과, 이들 가운데 직무급을 채택한 기업은 6개, 연공급적 요소가 강한 기업은 3개, 직능급을 채택한 기업은 1개인 것으로 나타났다. 여기서 연공급 및 직능급을 채택한 기업은 모두 외국계 다국적 기업이었으며, 이들 기업은 주로 본사의 임금 정책을 그대로 적용한 기업이었다. 이러한 결과를 바탕으로 이들은 직무급이 브라질 기업의 가장 일반적인 보상 체계라고 결론 내렸다. 이들의 주장을 따르면 브라질에서 직무급이 선호되는 이유 역시 브라질 노동법과 관련이 있는 것으로 보인다. 즉, 근속 연수에 따라 임금이 인상되는 호봉제를 적용할 경우 퇴직 근로자가 이직 시점의 임금을 기준으로 과거 임금을 새롭게 계산하여 임금반환 소송을 제기할 위험이 있다는 것이다.

또한, 브라질 기업의 보상 체계는 높은 경직성을 보이는 편인데, 이는 브라질의 임금 인상률이 정부가 정기적으로 발표하는 최저임금과 노사 간 단체협약 결과를 기준으로 모든 근로자에게 일괄적으로 적용되기 때문이다. 보상 체계의 이러한 높은 경직성은 형식주의를 지나치게 강조하는 브라질 문화의 제도적 차원과 결합하면서 직무설계의 경직성을 부추기게 되며, 이는 특히 시장 변화

<그림 11> 브라질 기업 내 가장 일반적인 10개 복리후생 제도

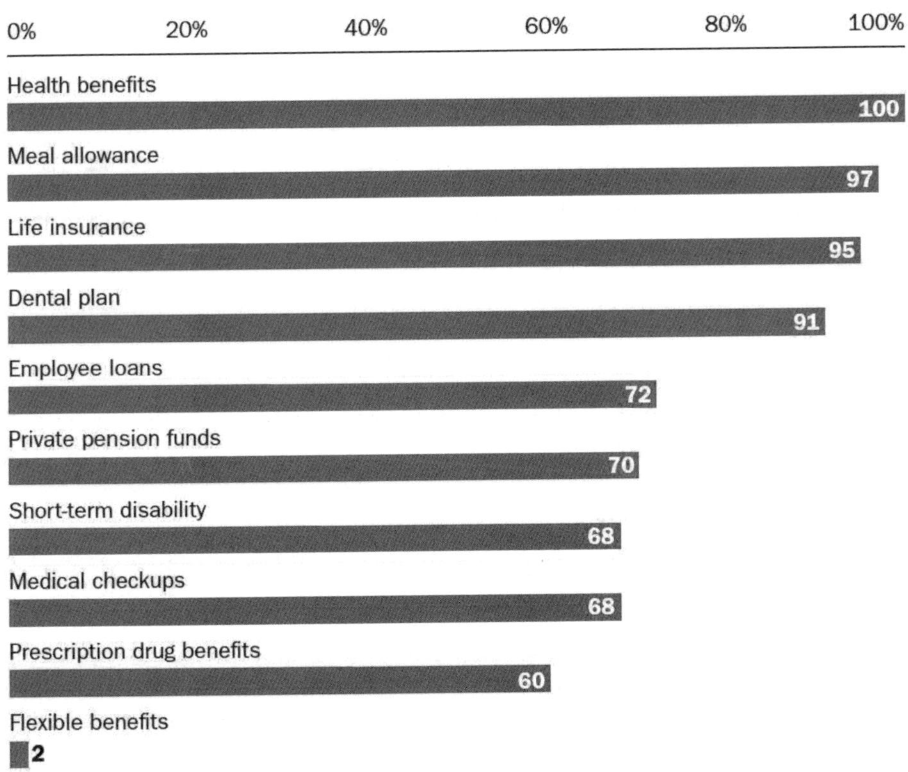

(출처: Tower Watson, "Benefit Plans in Brazil: 28th Survey - 2010")

가 매우 빠른 관계로 업무의 다변화 및 유연화 또는 임파워먼트(empowerment) 등을 추구하는 기업에 많은 어려움을 줄 수 있다. 결과적으로, 이는 기업이 자율적으로 경쟁력 있는 보상 체계를 구축하는 것을 매우 어렵게 하고 있다. 이로 말미암아 브라질 기업의 보상 체계는 주로 장기보다 단기 성과를 강조하는 경우가 많으며 (이는 과거 1990년대 브라질 초인플레이션 경험과 무관하지 않음) 이는 유능한 종업원의 이직을 부추기는 측면이 있다. 다만, 브라질 노조는 근속 연수가 올라감에 따라 임금 상승을 기대할 수 있는 연공급을 선호하는 편이다.

이러한 경직된 보상 체계의 한계로 말미암아 많은 브라질 기업은 보상 체계의 경쟁력을 유지하기 위해 복리후생에 많은 신경을 쓰는 편이다. 대부분 기업이 노동법이 요구하는 범위 이상의 다양한 복리후생을 제공하는 편인데, 2010년 236개 브라질 기업을 대상으로 시행된 Tower Watson의 기업 복리후생 설문조사 결과는 <그림 11>과 같다. 1위를 차지하는 의료 혜택(예. 보험 등) 지출액의 중앙값은 약 168헤알인 것으로 나타났다. 더불어, 조사 대상 기업 가운데 약 37%는 심지어 은퇴한 종업원에게 꾸준히 의료 혜택을 지원하고 있으며, 26%가 건강 보험과 관련하여 종업원으로부터 소송을 당한 경험이 있는 것으로 나타났다. 보통, 이러한 기업의 의료 혜택은 근로자 본인뿐만 아니라 근로자의 가족 전체까지 제공되는 경우가 대부분이다. 위 10개 복리후생 제도 외 주간 보육 서비스, 주차 공간 제공, 크리스마스 선물꾸러미(Christmas Basket) 지급, 자동차 또는 자동차 연료 제공, 장례비용 지급, 언어 학원 수강료 지원 등과 같이 다양한 복리후생 제도도 많은 기업이 운영 중이다. 문화적 차원에서 브라질 기업의 이러한 '넉넉한' 복리후생은 브라질 조직문화의 온정주의적 특성에 따른 결과로 해석할 수 있을 것이다. 이와 관련하여, 많은 현지 HRM 실무자는 브라질 근로자의 경우 특히 기업에서 제공하는 점심 식사의 질을 매우 중시한다는 의견을 제시하기도 하였다.

브라질 기업 보상 체계의 또 다른 특징은 수직적 격차가 매우 크지만, 수평적 보상 격차는 작다는 것이다. 이는 같은 직급 내 근로자의 경쟁의식을 자극, 보상 격차로 이들의 동기부여를 자극하는 것이 매우 어려울 수 있다는 것을 시사한다. 오히려 이러한 보상 체계는 브라질 근로자의 거부감을 불러일으킴으로써 동기 저하로 이어질 수도 있다.

참고문헌

참고문헌

<국내문헌>

국세청 (2011) 브라질 진출기업을 위한 세무안내. 국세청.

김동원 (2017) 해외직접투자와 노사관계 전략: 브라질 현대자동차의 협력적 노사관계 전략. 노동정책연구, 17(2), pp. 173~198.

김서균 (2003) 아시아 5개국 현지 근로자들의 직무가치 성향 분석. 사회연구, Vol. 1, pp. 225~253.

김윤호·정흥준·김동원 (2013) 브라질 인적자원관리 딜레마: 국가문화와 노동제도의 상호작용. 조직과 인사관리연구, 37(2), pp. 105~153.

오삼교·이남섭·최윤국·홍욱헌 (2011) 중남미 진출 한국기업의 사회적 공헌(CSR) 제고방안 연구. KIEP 대외경제정책연구원.

오준병 (2005) 한국경제의 산업구조변화에 대한 요인분석: 탈공업화 논의를 중심으로. 경제학연구, 53(1), pp. 155~173.

이성준·권정운·이용우 (2016) 브라질 현지 한국 기업 내 효과적인 조직 리더십에 관한 연구: CSP 제철소 건설 현장을 중심으로. 27(3), pp. 97~131.

임두빈 (2013) '제이칭뉴'(jeitinho brasileiro)를 통해 본 브라질의 일상 문화코드. 글로벌문화콘텐츠, 11, pp. 53~74.

Kim, J. S., 송계충, 양인숙, 김교훈 (1999) 세계 보편적 리더십 연구. 인적자원개발연구, 1(1), pp. 32~62.

KOTRA 상파울루 무역관 (2017) 2017 브라질 진출전략. KOTRA.

KOTRA (2006) '06 브라질 투자기업 경영실태 보고서. KOTRA.

<국외문헌>

Associação Brasileira de Empresas de Pesquisa (2015) Critério de Classificação Econômica Brasil.

Almeida, A. C. (2007) A cabeça do brasileiro. Rio de Janeiro Brazil: Record.

Amado, G., & Brasil, H. V. (1991) Organizational behaviors and cultural context: the Brazilian "jeitinho". International Studies of Management and Organization, 21, pp. 38~61.

Aycan, Z. & Kanungo, R. N. (1998) Paternalism: Towards Conceptual Refinement and Operationalization. Paper presented at 14th International Congress of Cross-Cultural Psychology, Bellingham, WA.

Barbosa, L. (2006) O jeitinho brasileiro: A arte de ser mais igual do que os outros. Rio de Janeiro, Brazil: Elsevier.

Barros, B. T. (2003) Gestão à Brasileira. Atlas.

Barros, B. & Prates, M. (1996) O estilo brasileiro de administrar. Editora Atlas, Sao Paulo.

Bennis, W. (1989) Why Leaders Can't Lead. Training and Development Journal, 43(4), pp. 35~39.

Berry, J. W., Poortinga, Y. H., Segall, M. H. & Dasen, P. R. (2002) Cross-Cultural Psychology: Research and Application (2nd Edition). Cambridge University Press.

Brunnschweiler, C. N. & Bulte, E. H. (2007) The Resource Curse Revisited and Revised: A Tale of Paradoxes and Red Herrings. Center of Economic Research at ETH Zurich, Working Paper No. 06/61.

Bureau of Labor Statistics (2012) News Release, International Comparison of Hourly Compensation Costs in Manufacturing 2011. U.S. Department of Labor.

Cardoso, T., Hypólito, H., Orglmeister, C., Strack, R. & Linden, C. (2016) Understanding Brazil's Workforce in a Troubled Time. The Boston Consulting Group.

Castaño, N., de Luque, M. F. S., Wersing, T., Ogliastri, E., Shemueli, R. G., Fuchs, R. M., and Robles-Flores, J. A. (2015) El Jefe: Differences in Expected Leadership Behaviors across Latin American Countries. Journal of World Business, 50(3), pp. 584~597.

Crisóstomo, V. L., Freire, F. S. & Parente, P. (2014) An Analysis of Corporate Social Responsibility in Brazil: Growth, Firm Size, Sector, and Internal Stakeholders Involved in Policy Definition. Pensamiento & Gestión, 37, pp. 125~149.

Cunha, O., Cheng, S. & Abida, R. (2013) Redefining Brazil's Emerging Middle Class. The Boston Consulting Group.

DaMatta, R. (1985) A casa e a rua: espaço, cidadania, mulher e morte no Brasil. São Paulo: Brasiliense.

DaMatta, R. (1986) O que faz o brasil, Brasil?. Rio de Janeiro, Brazil: Rocco.

DaMatta, R. (1978) Carnavais, malandros e heróis. Para uma sociologia do dilema brasileiro. Rio de Janeiro: Zahar Editores.

Davila, A. & Elvira, M. M. (2012) Humanistic Leadership: Lessons from Latin America. Journal of World Business, 47, pp. 548~554.

Dennis, L. E. & Stroh, L. K. (1997) A little jeitinho in Brazil: a case study on international management. Journal of Management Education, 21(2), pp. 255~261.

DeVoe, S. E. & Iyengar, S. S. (2004) Managers' Theories of Subordinates: A Cross-Cultural Examination of Manager Perceptions of Motivation and Appraisal of Performance. Organizational Behavior and Human Decision Processes, 93, pp. 47~61.

Diegues, A. C., Cruz, J. C., Roselino, J. E., Milaré & Brandão, C. M. (2015) Brazilian and Chinese Industrial Development: A Tale of Two Different Paths. Revisita ESPACIOS, 37(5), pp. 1~9.

Diener, E. & Diener, M. (1995) Cross-Cultural Correlates of Life Satisfaction and Self-Esteem. Journal of Personality and Social Psychology, 68, pp. 653~663.

Durate, F. (2011) The Strategic Role of Charm, Simpatia and Jeitinho in Brazilian Society: A Qualitative Study. Asian Journal of Latin American Studies, 24(3), pp. 29~48.

Durate, F. (2006) Exploring the Interpersonal Transaction of the Brazilian Jeitinho in Bureaucratic Contexts. Organization, 13(4), pp. 509~527.

Earley, P. C. (1999) Playing Follow the Leader: Status Determining Traits in Relation to Collective Efficacy Across Cultures. Organizational Behavior and Human Decision Processes, 80, pp. 1~21.

Ferreira M. C., Fischer, R., Porto, J. B., Pilati, R., & Milfont T. L. (2012) Unraveling the Mystery of Brazilian Jeitinho: A Cultural Exploration of Social Norms. Personality and Social Psychology Bulletin, 38(3), pp. 331~344.

Galego-Álvarez, I., Formigoni, H. & Antunes, M. T. P. (2014) Corporate Social Responsibility Practices at Brazilian Firms. Revista de Administração de Empresas, 54(1), pp. 12~27.

Grosse, R. (2006) International Business Strategies in Brazil. In S. C. Jain (ed.), Emerging Economies and the Transformation of International Business: Brazil, Russia, India and China (BRICs) (pp. 183~205). Cheltenham: Edward Elgar.

Havranek, T., Horvath, R. & Zeynalov, A. (2016) Natural Resources and Economic Growth: A Meta-Analysis. World Development, 88, pp.

134~151.

Hofstede, G. (1980) Culture's Consequences. Beverly Hills, CA: Sage.

Hofstede, G. & Bond, M. H. (1988) Finding Universal Dimensions of Individual Variation in Multicultural Studies of Values: The Rokeach and Chinese Value Survey. Journal of Personality and Social psychology, Vol. 55(6), pp. 1009~1015.

Hofstede, G., Hofstede, G. J., & Minkov, M. (2010) Cultures and Organizations, 3rd Edition. McGraw Hill.

Hofstede, G., Hilal, A. V. G., Malvezzi, S., Tanure, B. & Vinken, H. (2010) Comparing Regional Cultures within a Country: Lessons from Brazil. Journal of Cross-Cultural Psychololgy, 41(3), pp. 336~352.

Holanda, S. (1995) Raízes do Brasil. São Paulo: Companhia das Letras.

House, R. J., Hanges, P. J., Javidan, M., Dorfman, P. W., & Gupta, V. (2004) Culture, Leadership, and Organizations. London: Thousand Oaks.

Huang, X. & Van de Vliert, E. (2003) Comparing Work Behaviors Across Cultures: A Cross-Level Approach Using Multilevel Modeling. International Journal of Cross-Cultural Management, 3, pp. 165~180.

Inglehart, R. & Baker, W. E. (2000) Modernization, Cultural Change, and the Persistence of Traditional Values. American Sociological Review, 65(1), pp. 19~51.

Inglehart, R. & Oyserman, D. (2004) Individualism, Autonomy, and Self-expression: The Human Development Syndrome. In H. Vinken, J. Soeters, & P. Ester (Eds.), Comparing Cultures: Dimensions of Culture in a Comparative Perspective. Leiden, the Netherlands: Brill.

International Business (2013) International Business Brazil Report 2013. International Business.

Itika, J. S. (2011) Fundamentals of Human Resource Management. African Public Administration and Management series, Vol. 2.

Iyengar, S. S. & Lepper, M. R. (1999) Rethinking the Value of Choice: A Cultural Perspective on Intrinsic Motivation. Journal of Personality and Social Psychology, 76, pp. 349~366.

Jago, A. G. (1982) Leadership: Perspectives in Theory and Research. Management Science, 28(3) pp. 315~336.

Jarrad, J. (1995) The Brazilianization of Alcoholics Anonymous. In D. J. Hess & R. A. DaMatta (eds.) The Brazilian Puzzle: Culture on the Borderlands on the Western World (pp. 209~237). Chichester: Columbia University Press.

Javidan, M., Dorfman, P. W., de Luque, M. S. & House, R. J. (2006) In the Eye of the Beholder: Cross Cultural Lessons in Leadership from Project GLOBE. Academy of Management Perspectives, 20(1), pp. 67~90.

Kelly Global Workforce Index (2013) Employee Engagement and Retention. Kelly Services.

Kluckhohn, F. R. & Strodtbeck, F. L. (1961) Variations in Value Orientations. Oxford, England: Row, Peterson.

Kottak, C. P. (1995) Swimming in Cross-Cultural Currents. In D. J. Hess & R. A. DaMatta (eds.), The Brazilian Puzzle: Culture on the Borderlands on the Western World (pp. 49~58). Chichester: Columbia University Press.

Kroeber, A. L. & Kluckhohn, C. (1952) Culture: A Critical Review of Concepts and Definitions. In Papers of the Peabody Museum of American Archaeology and Ethnology, Vol. 47. Cambridge, MA: Harvard University Press.

Kuchinke, K. P., Cornachione, E. B., Oh, S. Y. & Kang, H-S (2010) All Work and No Play? The Meaning of Work and Work Stress of Mid-Level Managers in the United States, Brazil, and Korea. Human Resource Development International, 13(4), pp. 393~408.

Lawter, L., Kopelman, R. J. & Prottas, D. J. (2015) McGregor's Theory X/Y and Job Performance: A Multilevel, Multi-Source Analysis. Journal of Managerial Issues, 27(1~4), pp. 84~101.

Matten, D. & Moon, J. (2008) "Implicit" and "Explicit" CSR: A Conceptual Framework for a Comparative Understanding of Corporate Social Responsibility. Academy of Management Review, 33(2), pp. 404~424.

McGregor, D. (1960) The Human Side of Enterprise, New York, McGrawHill.

Motta, F. C. P., & Alcadipani, R. (1999) Jeitinho brasileiro, controle social e competição. Revista de Administração de Empresas, 39(1), pp. 6~12.

Machungwa, P. D. & Schmitt, N. (1983) Work Motivation in a Developing Country. Journal of Applied Psychology, 68(1), pp. 31~42.

Monteiro, D. L. C., Peñaloza, V., Pinto, F. R., Coria, M. & Calderón, L. (2014) Attitudes Towards Money and Motivational Orientation to Work in Brazilian Young Workers. Contaduría Y Administración, 60(1), pp. 11~30.

Nassif, A., Fiejó, C & Araújo, E. (2015) Overvaluation Trend of the Brazilian Currency in the 2000s: Empirical Estimation. Brazilian Journal of Political Economy, 35(1), pp. 3~27.

Nelson, R. E. (2014) "Leadership, Personal Values, and Cultural Context in Brazil, China, and the USA". Brazilian Administration Review, 11(1), pp. 47~63.

Northouse, P. G. (2007) Leadership: Theory and practice (4th ed.). Thousand

Oaks, CA: Sage.

OECD (2016) Services and Performance of the Brazilian Economy: Analysis and Policy Option. OECD.

Oishi, S. (2000) Goals as Cornerstones of Subjective Well-Being: Linking Individuals and Cultures. In E. Diener & E. M. Suh (Eds.), Culture and Subjective Well-Being (pp, 87~112). Cambridge: MIT Press.

O'Keefe, H. & O'Keffe, W. M. (2004) Business Behaviors in Brazil and the USA: Understanding the Gaps. International Journal of Social Economics, 31(5/6), pp. 614~622.

Parsons, T. & Shils, E. (1951) Toward a General Theory of Action. New York: Harper & Row.

Page, J. A. (1995) The Brazilians. Massachussets: Perseus Book.

Pellegrini, E. K. & Scandura, T. A. (2008) Paternalistic Leadership: A Review and Agenda for Future Research. Journal of Management, 34(3), pp. 566~593.

Pereira, B. A. D., Wottrich, V. H., Dalmoro, M. & Venturini, J. C. (2010) A comunicação da responsabilidade social empresarial (RSE) na Suécia, Tailândia e Brasil: uma abordagem comparativa em empresas de construção civil. Organizações & Sociedade, 17(55), pp. 621~639.

PwC (2016) A revolução que os consumidores almejam, com a execução que os conquista. PwC.

Rega, L. S. (2000) Dando um jeito no jeitinho. São Paulo: Editora Mundo Cristão.

Robbins, S. P. & Coulter, M. A. (2012) Management (11th Edition). Prentice Hall.

Rodrigues, R. P., Milfont T. L., Ferreira M. C., Porto, J. B., & Fischer, R.

(2011) Brazilian Jeitinho: Understanding and explaining an indigenous psychological construct. Interamerican Journal of Psychology, 45(1), pp. 29~38.

Rodríguez A., Dahlman, C. & Salmi, J. (2008) Knowledge and Innovation for Competitiveness in Brazil. The World Bank.

Ryan, A. M., Mcfarland, L., Baron, H. & Page, R. (1999) An International Look at Selection Practices: Nation and Culture as Explanations for Variability in Practice. Personnel Psychology, 52, pp. 359~391.

Schein, E. (1986) Organizational Culture and Leadership. Jossey-Bass, San Francisco, CA.

Schwartz, S. (2006) Value Orientations: Measurement, Antecedents and Consequences Across Nations. In R. Jowell, C. Roberts, R. Fitzgerald, & G. Eva. (Eds.) Measuring Attitudes Cross-Nationally - Lessons from the European Social Survey. London: Sage.

Schwartz, S. (1990) Individualism-Collectivism - Critique and Proposed Refinements. Journal of Cross-Cultural Psychology. 21(2), pp. 139~157.

Schwarz, R. (1987) Nacional por subtração. In R. Schwarz, Que horas são? Ensaios. São Paulo: Companhia das Letras.

Sedikides, C, Gaertner, L. & Toguchi, Y. (2003) Pancultural Self-Enhancement. Journal of Personality and Social Psychology, 84, pp. 60~79.

Silva, C. E. S. & Vernengo, M. (2009) The Decline of the Exchange Rate Pass-Through in Brazil: Explaining the Fear of Floating. International Journal of Political Economy, 37(4), pp. 64~79.

Sledge, S., Miles, A. K. & Coppage, S. (2008) What Role Does Culture Play? A Look at Motivation and Job Satisfaction among Hotel Workers in

Brazil. The International Journal of Human Resource Management, 19(9), pp. 1667~1682.

Souza, C. P., Roglio, K., Renwick, D. W. & Takahashi, A. R. (2014) Contemporary Trends in Brazilian Human Resource Management Studies over the Last Decade (2001-2010). International Business Research, 7(8), pp. 29~46.

Spector, P. E., Cooper, C. L., Sanchez, J. I., O'Driscoll, M., Sparks, K, Bernin, P., et al. (2002) Locus of Control and Well-Being at Work: How Generalizable are Western Findings? Academy of Management journal, 45, pp. 453~466.

Strack, D. & Azevedo, A. F. Z. (2012) The Dutch Disease in Brazil: Symptoms and Effects. Revista Economia & Desenvolvimento, 24(2), pp. 68~91.

Tanure, B. & Durate, R. G. (2005) Leveraging Competitiveness Upon National Cultural Traits: The Management of People in Brazilian Companies. International Journal of Human Resource Management, 16(12), pp. 2201~2217.

Tower Watson (2010) Benefit Plans in Brazil: 28th Survey. Tower Watson.

Trompenaars, F. & Hampden-Turner, C. (1997) Riding the Waves of Culture: Understanding Cultural Diversity in Business. London: The Economist Books.

United States International Trade Commission (2012) Brazil: Competitive Factors in Brazil Affecting U.S. and Brazilian Agricultural Sales in Selected Third Country Market.

Vasconcelos, R. (2015) Misallocation in the Brazilian Manufacturing Sector. Brazilian Confederation of Industry, CNI.

Venables, A. J. (2016) using natural resources for Development: Why Has

It Proven So Difficult? Journal of Economic Perspectives, 30(1), pp. 161~184.

Welzel, C., Inglehart, R., & Klingemann, H. (2002) The Theory of Human Development: A Cross-Cultural Analysis. CDS Working Papers.

The World Bank (2017) Doing Business 2017. The World Bank.

브라질
기업
조직관리론

브라질 기업 조직관리론

초판 인쇄	2018년 7월 9일
초판 발행	2018년 7월 16일

지은이	이성준
발행인	김인철
총괄 · 기획	가정준 Director, University Knowledge Press
편집장	신선호 Executive Knowledge Contents Creator
도서편집	박현정 Contents Creator
전자책편집	이리나 e-Contents Creator
재무관리	문수진 Managing Creator
사전 · 출판	정준희 Contents Creator
마케팅 파트장	백승이 Chief Marketing Creator
마케팅	이현진 Marketing Creator
발행처	한국외국어대학교 지식출판콘텐츠원
	02450 서울특별시 동대문구 이문로 107
	전화 02)2173-2493~7
	팩스 02)2173-3363
	홈페이지 http://press.hufs.ac.kr
	전자우편 press@hufs.ac.kr
	출판등록 제6-6호(1969. 4. 30)
디자인 · 편집	(주)이환디앤비 02)2254-4301
인쇄 · 제본	네오프린텍 02)718-3111

ISBN 978-89-7464-296-9 93320　　　　정가 20,000원

*잘못된 책은 교환하여 드립니다.

HUiNE은 한국외국어대학교 지식출판콘텐츠원의 어학도서, 사회과학도서, 지역학 도서 Sub Brand이다. 한국외대의 영문명인 HUFS, 현명한 국제전문가 양성(International +Intelligent)의 의미를 담고 있으며, 휴인(携引)의 뜻인 '이끌다, 끌고 나가다'라는 의미처럼 출판계를 이끄는 리더로서, 혁신의 이미지를 담고 있다.